# 我该怎么办？

## 女孩成长关键期的典型心理困扰

张思伟 著

唐光雨 谢英俊 绘

北京理工大学出版社
BEIJING INSTITUTE OF TECHNOLOGY PRESS

版权专有 侵权必究

### 图书在版编目（CIP）数据

我该怎么办？女孩成长关键期的典型心理困扰 / 张思伟著. —北京：北京理工大学出版社，2018.12（2020.5加印）

ISBN 978-7-5682-6458-7

Ⅰ. ①我… Ⅱ. ①张… Ⅲ. ①女性—青春期—心理健康—健康教育 Ⅳ. ① G444

中国版本图书馆 CIP 数据核字（2018）第 250569 号

| | |
|---|---|
| 出版发行 / 北京理工大学出版社有限责任公司 | |
| 社　　址 / 北京市海淀区中关村南大街 5 号 | |
| 邮　　编 / 100081 | |
| 电　　话 /（010）68914775（总编室） | |
| 　　　　　（010）82562903（教材售后服务热线） | |
| 　　　　　（010）68948351（其他图书服务热线） | |
| 网　　址 / http://www.bitpress.com.cn. | |
| 经　　销 / 全国各地新华书店 | |
| 印　　刷 / 北京雅图新世纪印刷科技有限公司 | |
| 开　　本 / 710 毫米 × 1000 毫米　1/16 | |
| 印　　张 / 12.5 | 责任编辑 / 闫凤华 |
| 字　　数 / 80 千字 | 文案编辑 / 李文文 |
| 版　　次 / 2018 年 12 月第 1 版　2020 年 5 月第 2 次印刷 | 责任校对 / 周瑞红 |
| 定　　价 / 39.80 元 | 责任印制 / 施胜娟 |

图书出现印装质量问题，请拨打售后服务热线，本社负责调换

# 序言

青春期，是孩子的烦恼期！青春期，也是孩子自律的关键期！

本书针对女孩在青春期现实生活中的实际问题，给予了全面而科学的引导。唯美的表达风格让女孩们对书爱不释手！这是女孩们人生中第一套对自己的身体、心灵和社会认知的美丽图书。这个年龄段的女孩很单纯，她不知道如何思考这些问题，也很难和父母启齿那藏在内心的阴霾，这些问题让她惶惑不安。每位父母都希望女儿聪明理智地面对生活中的人与事！每个母亲都知道，孩子10岁以后的几年里，将发生很大变化，如果不提前让她做好心理准备，并让孩子学会正确思考问题的方式，这会让她付出相当大的时间代价和心理代价！假如我们父母能与之沟通并加以正确引导，那么孩子的矛盾冲突、心理困惑就会少得多。这本书是专门为女孩们定制的自助读物，旨在引导女孩从中领会如何面对家庭、学校、学习及朋友的问题，如何快乐生活，如何理性面对挫折！

# 目录

**家庭篇** 用爱做的炮弹也伤人 · 1

1. 面对总是发火的妈妈，你该怎么办 /3
2. 天呀！爸爸妈妈偷看你的日记 /8
3. 如何应对妈妈的"空头支票" /12
4. 怎样和妈妈和平共处 /16
5. 分享了父母爱的妹妹让你不快乐 /20
6. 黏人的小妹妹让你烦恼不已 /25
7. 怎样跟"讨厌"的表哥过假期 /29
8. 你不想做家务 /33

现在，女孩们，来看看你的答案！ /38

**朋友篇** 友谊花园里的毒蘑菇 · 43

1. 如何应付"威胁"你的朋友 /45
2. 你总是嫉妒朋友，怎么办 /49
3. 泄密的朋友，真气人！ /53
4. 为什么她总是模仿你 /57
5. 如何安慰失去父亲的朋友 /61
6. 朋友对你不诚实，心里很难过 /65
7. 如何理解失约的朋友 /69
8. 啊！她居然吸烟！ /73

现在，女孩们，来看看你的答案！ /77

### 校园篇　小"社会"大生活·81

1　无法融入新学期的师生联欢会怎么办　/ 83
2　如何面对严重的"偏科"　/ 87
3　同学说你是老师的"马屁精"　/ 91
4　如何对付根本不存在的谣言　/ 95
5　她要求抄你的答案该怎么办　/ 99
6　学校公共浴室带来的烦恼　/ 103
7　迟到被抓怎么办　/ 107
8　上中学前的那些恐慌　/ 111

现在，女孩们，来看看你的答案！　/ 115

### 压力篇　越拍越高的篮球·119

1　考试前的"焦虑症"　/ 121
2　学习成绩突然滑坡，让你不知所措　/ 126
3　新环境让你不再优秀　/ 130
4　无尽的担忧，让你很焦虑　/ 134
5　和同学比你总觉得自己像个丑小鸭　/ 138
6　巨"痘"的压力让你抬不起头　/ 142
7　拖拖拉拉的毛病，怎样改　/ 146

现在，女孩们，来看看你的答案！　/ 150

**决定篇　向左还是向右·153**

- 1　好朋友让你左右为难怎么办　/155
- 2　朋友向你借钱，是借还是不借　/159
- 3　是诚实地说出来还是撒谎逃避　/163
- 4　看到不公平的事是上前还是旁观　/167
- 5　每当考试前都紧张，逃避还是面对　/171
- 6　爸爸妈妈吵架你很伤心，是假装没发生还是大胆说出来　/175

现在，女孩们，来看看你的答案！　/179

**思考篇　寻找美丽的自己·183**

- 真理一　问题不会自己消失　/185
- 真理二　用最恰当的办法去解决问题　/186
- 真理三　拒绝伤害别人的念头　/187
- 真理四　倾听你内在的声音　/188
- 真理五　讲出来，告诉别人你的想法　/189

# 女孩儿，你会怎样做？
## ——大胆地说出来，还是当事情没有发生过？

首先恭喜你翻开这本书！

这是一本藏满你性格小秘密的书。

在这里，你会了解到，像你一样的女孩儿会怎样处理生活中遇到的各种问题。你会发现有许许多多的女孩儿有着和你一样的困惑，并且不知道该如何正确处理。那么赶快拿起这本书吧，你将得到满意的解答。亲爱的女孩，我还要告诉你一个小秘密，我们每个人的行为都会直接折射出他的性格和内心，我们的书在每章节后面都附加了选择汇总和性格分析，这样你就能更加清晰地了解自己性格上的优势和缺陷喽！

这是一本解读你内心的书。

女孩们，青春期就像美丽的罂粟花，鲜艳却蕴含危机。在这段时期内你会发现自己变漂亮了，但是随之而来的是各种困惑和迷惘。家庭、友谊、学校，突然间各种问题都盘根错节地将你团团包围……你一时间不知道怎么应对，也不知道求助于谁。

不要害怕，我们的书将会是你的"青春宝典"，它不仅会教你如何做出正确的选择、如何从容处理身边发生的问题，它还会传授你更多的处世技巧，让你轻松应对各种烦恼。

它将带你进入全新的"青春时代"，带给你更甜美的粉红回忆，还等什么，赶紧翻开它寻找你的"青春宝典"吧！

## 家庭篇

## 用爱做的炮弹也伤人

  家，可以很小很小，蜗牛壳是蜗牛的家；家也可以很大很大，天空是太阳的家。每个女孩都有一个家，在这个家里，爸爸妈妈陪你长大，你读着童话看他们一天天老去。渐渐地你长大了，有了自己的小脾气，你开始讨厌父母的争吵、妈妈的唠叨，还有叔叔家难缠的弟弟。

  原本温暖幸福的家就在你长大的一瞬间，突然什么都变了，随之而来的是无休止的烦恼和埋怨，你甚至想逃，想有一天可以离开家自己去过自由的生活。或许你还会认为父母不在乎你，大人为什么总是不能明白你的想法、满足你的心愿呢？然而当你看到爸爸满是茧子的大手，看到妈妈深深的鱼尾纹时，我相信你对他们的爱会油然而生，所以亲爱的女孩，不要因为一时的小情绪就否定了你幸福的家庭，否定了父母对你的爱。

  亲爱的女孩，当家庭生活给你带来烦恼时，先不要急着埋怨、急着耍脾气，那你到底该怎样做呢？跟着下面的问题去寻找答案吧！

# 1 面对总是发火的妈妈，你该怎么办

最近你的妈妈总是会莫名其妙地发火，本来你只是好好地坐在那里，她却会对你横加指责，一会儿说你把沙发套弄的歪歪斜斜的，一会儿批评你怎么还不去写作业。一旦你辩解几句，她就会认为你是在顶撞她，进而大发雷霆，结果每次只能以你委屈地回到房间收场。你完全不知道她是怎么了，因为以前你这样做的时候，她从来也没有发过火，只是这段时间突然变得挑剔了起来，即使你没做错什么，她也会找出理由冲你发火。无论你怎样做，她似乎都觉得不满意。你很想和她吵架，又碍于她是你的妈妈。

这时，你会怎么做呢？

## ↘ A 冷战对抗语言暴力

一肚子委屈的你实在是烦透了妈妈的唠叨，你觉得她甚至无理取闹，你开始不理会发脾气的她，把她的话当成耳边风，甚至开始用冷漠不理睬的态度来回应妈妈的唠叨和责骂。可是亲爱的女孩，也许你的妈妈正处在更年期，也许是家里的事太让她烦心，不管是哪一种情况，又要工作、又要做家务、又要服侍老人、又要照看女儿的她确实有很多的理由可以发火，可作为女儿的你根本没必要感到生气或哀伤。

你是她的女儿，是她最亲近和最疼爱的晚辈，她有了烦恼你应该在第一时间关心问候的啊，如果用冷战的方式来对待，那么将会让你和妈妈的距离越来越远，还会伤到妈妈的心，因为她真的很爱你。

## ↘ B 小火山爆发，对妈妈耍脾气

你会站起来为自己辩护和妈妈发生争吵，让妈妈知道你根本没做错，也不应该受到惩罚。你可以体谅她的心情不好，但你不能接受成为她的"出气筒"，于是你的小火山爆发了，用强势锋利的语言把妈妈的火气镇压下去。可是亲爱的女孩，在你发脾气之前请记住她是你的妈妈，她为你、为家日夜操劳肯定有很多不顺心的事情。这个时候可爱的你为什么不做个妈妈的"灭火器"呢？关心她安慰她。相信你的妈妈在听到女儿贴心的谅解和安慰之后一定会非常感动，她以后也不会随便对你发脾气，也许还会和你成为知心朋友呢！

## ↘ C 事后与妈妈讨论

在妈妈发火的气头上,你什么也不会说。你知道,这时无论你说什么,都会引发妈妈更大的怒气,而且即使你有道理,她也根本听不进去。这时候你的言论——无论是讲道理,还是强词夺理地争辩——只会引发你们的争吵,进而伤害母女的感情。于是聪明的你避开妈妈的怒气,出门去或者回到自己的房间。在事情平息之后,选择一个恰当的时间,跟她谈一谈。这时的妈妈已经比较冷静,能够与你正常的沟通了,你可以把事情的前因后果向她表述清楚,向她解释当时你那么做的原因,并把她当时的情况也向她描述一番,相信这时,你的妈妈一定觉得有点儿不好意思,甚至会向你道歉。

你会劝妈妈,下次更加心平气和地处理类似的情况。你会让妈妈明白,你们是母女,你爱她,你愿意为她做任何事。受点小小的委屈也不算什么。但是,从她的身体考虑,还是要尽量避免发火,毕竟,生气对她的身体也是不好的。

### 悄悄话

如果你能按 C 的方法做，说明你很明智，又识大体。每个人都会碰上妈妈常发火的情况，怎么办呢？与她据理力争？没必要，你是晚辈，这么顶撞长辈是很没礼貌的表现。要知道，如果两个人都正在发火，是很难心平气和地讲道理的。其实在妈妈冷静后再跟她谈谈，效果就会好得多。等一等，没什么大不了。并且你要记住，进入青春期，你就要变成大人了，大方地表达出你对妈妈的爱，像妈妈疼爱你一样，在她生气烦恼的时候送上关心和安慰吧！

更好的方法

## 2 天呀！爸爸妈妈偷看你的日记

最近写日记在班级里风靡一时，于是你也迅速加入日记一族，买一个自己喜欢的日记本，把每天的小心情或者小秘密写进去，真是件开心且幸福的事。日记本很快就成了你的好朋友，每天写日记也成了你最大的乐趣。然而有一天，你意外地发现爸爸妈妈竟然偷看你的日记，想到自己那么多小秘密都被他们看到了，你十分恼火觉得很没有面子。

这时，你会怎么做呢？

## ↘ A 和他们直接表达你的想法

你是个直率的女孩，对于自己的不满丝毫不掩饰。你会直接告诉父母以后不要偷看你的日记了。你已经长大了，有自己的想法和隐私，希望得到他们的尊重。

亲爱的女孩，你想过为什么父母会偷看你的日记吗？那就是因为你和父母平时缺乏沟通，父母想要更加了解你，所以才出此下策。所以不妨以后经常向父母汇报一下你的情况，并请他们放心。告诉他们如果你有麻烦，肯定会和他们商量，不会自作主张做坏事的。

## ↘ B 把日记收得更隐秘

你不希望这样的事情再次发生。所以你把日记收得更隐秘，或者改一个难破解的密码，让父母从此再也找不到、打不开。如果你想这样解决的话没有问题，可是你必须理解父母的担心，知道他们是为了了解你才偷看日记的，于是你可以大方坦白地告诉他们，那些日记只是你的一些心事，没有什么解决不了的麻烦事。

## ↘ C 把坏事变成好事

你非常聪明,发现父母偷看日记后你不但没有生气,反而十分开心。因为你终于找到了让父母了解你的途径。从此以后你就把想对父母说的话都写在日记里,一些你想对父母倾诉或者不好意思开口的话就可以用这种方式让父母知道。这下他们会知道你的真实想法,比面对面开口要容易多了。慢慢也许你会发现父母变了,变得更加理解你,支持你的想法。

## 悄悄话

亲爱的女孩,如果你发现父母偷看你的日记千万不要发脾气,因为他们只是想更加了解他们自己的女儿。想想看,是不是你经常回绝他们的询问呢?如果你能主动和父母沟通,他们也不会这样煞费苦心地偷看你的日记啦! C做法真不错,聪明的女孩你想到了吗?你可以把想对父母说的话写在日记里。可是,那些不想让他们知道的事呢?你可以写在另一本日记里。但是一定要记住,遇到自己不能解决的麻烦或者烦恼一定要及时和父母沟通,父母永远是你能够依靠的最坚实的臂膀。

更好的方法

# 3 如何应对妈妈的"空头支票"

你的妈妈经常痛快地答应你很多事情，比如她答应会和你去动物园、会带你去姥姥家，却总是在最后一刻反悔。每到你兴冲冲准备出发的时候，她却说有其他的事情，去不成了。妈妈的"空头支票"让你一次次伤心失望，慢慢地，你开始觉得妈妈的承诺只是敷衍，她根本没想要真的陪你。

这时，你会怎么做呢？

## ↘ A 再也不信她的承诺了

妈妈三番五次的爽约让你十分伤心，也很受打击。你是个腼腆的孩子，很多话都不愿意讲出来，于是你只能把委屈憋在心里，却暗暗下决心以后再也不和妈妈玩了。甚至当下次妈妈主动提出带你出门时，你会毫无热情地拒绝。

## ↘ B 真实地告诉她你的感受

性格直爽的你会直接告诉妈妈你的感受。你对妈妈的做法感到十分失望，你甚至怀疑妈妈是否爱你。你会告诉她，你知道她很忙，但是你很期待她能留一点时间给你，并且和你一起做点什么。亲爱的，能够表达自己的感受非常好，可是你也要体谅妈妈，她可能平时很忙又不忍心拒绝你的要求，所以才总会爽约，当你下次再提要求时不妨先问一下妈妈是否有时间！

## ↘ C 帮妈妈争取"玩"的时间

你明白妈妈"放鸽子"只是因为她有太多的事情需要处理。如果能够帮她分担一些你力所能及的事，就会给妈妈争取多一些时间陪你！你能想到这一点真的很棒，你懂得体谅父母，并不是对父母一味地抱怨。所以你会把自己的房间收拾好，把地扫干净，这样妈妈就能腾出多一些时间履行对你的承诺啦，聪明的女孩们，快快行动吧！

### 悄悄话

亲爱的女孩,一定要让妈妈知道,和她独处的时间对你来说多么珍贵!如果她实在不能抽出时间陪你,你也不要为此责怪妈妈,大人们在现实生活中有很多事身不由己,只有这样才能获得更多的收入去满足生活的需求。所以当你对父母提出要求没有得到满足时,要学会体谅他们。在这个问题上 B 和 C 就做得很好,她们不仅会主动和妈妈沟通,表达自己的需求,还能体会妈妈的辛苦,主动承担家务。勤劳的女孩们,赶紧行动起来,为妈妈争取更多的休息时间吧,这样她才能踏实地陪你玩哦!

更好的方法

## 4 怎样和妈妈和平共处

你喜欢的衣服妈妈以她不喜欢为理由拒绝买给你,爱看的娱乐节目被妈妈严厉禁止,和朋友的聚会被妈妈的阻拦搅的失去兴致!此时的你觉得妈妈好烦,为什么要处处阻挠你,为什么你们的争论总是被她强势镇压?无计可施的你真想把自己变成一只小刺猬。

这时,你会怎么做呢?

## ↘ A 拒绝和妈妈接触、交流

在妈妈面前处处碰壁的你真是快要崩溃了,而每次的争论都以你失败告终,你再也不想和妈妈接触了,于是你躲得远远的。你认为这样妈妈就再也抓不到把柄管你了,你甚至会想也许妈妈看到你冷漠的态度就会自我反省,对你妥协。可是亲爱的女孩,你这样做等于在你和妈妈中间筑起了一道厚厚的墙,越是这样你们就越不能了解对方真实的想法,而且你的冷漠和疏远也会让妈妈很伤心。

## ↘ B 换更好的方式和妈妈沟通

沟通是解决问题最好的办法。和妈妈激烈争论后你非常后悔,你觉得自己不应该这样顶撞妈妈,即使她阻拦你做自己想做的事。于是你冷静下来寻找解决办法,你最后决定要和妈妈好好沟通,找时间和她谈心或者给她写一封长长的"自白书",让妈妈了解你真实的想法。这样就能让你们很快了解彼此,解开心结。

## ↘ C 提醒自己：不再为小事发火

虽然没有按捺住坏脾气和妈妈争论起来，但你仍旧是个善良孝顺的孩子，想到妈妈为了你日夜操劳就非常心疼，所以你对自己的行为十分内疚。和妈妈约个时间一起说出各自的心里话。心平气和地沟通是最好的方法。你提醒自己以后再也不为鸡毛蒜皮的小事跟妈妈争论了。其实你可以想想你们到底是因为什么争吵？那些事情真的值得你们争执吗？在做那些妈妈可能反对的事情或者决定之前为什么不提前和她沟通，争取她的认可呢？

### 悄悄话

对于这个问题 B 和 C 的做法都是可取的。亲爱的女孩,现在回忆一下你和妈妈发生争吵的过程,是不是总是有某个细节引爆你们的争吵呢?是你的语言偏激还是妈妈蛮横的态度?其实这些事完全是可以避免的,找出症结,下次注意。还有亲爱的你要记住,你已经不是小孩子了,要懂得体谅家人的辛苦,既然知道你的很多决定要遭到反对,为什么你还要这样去做呢?要想得到别人的尊重,你首先必须尊重别人,这个道理对于家人之间也是适用的。试着每次做决定前争取父母的意见吧,只有你先尊重了他们的想法,你的行为才能受到他们的尊重啊!争吵是解决不了问题的,沟通吧,和家人心平气和地去沟通,你会收获父母更多的关爱和理解!

更好的方法

## 分享了父母爱的妹妹让你不快乐

你的很多朋友都很羡慕你有一个可爱的妹妹，可是你却并不引以为傲，反而很苦恼。因为虽然妹妹能陪你一起玩"家家酒"，一起去公园，一起去上学，可是无论什么东西，别的同学可以享用完整的"1"，你却只能享受"1/2"，剩下的"1/2"是妹妹的。你甚至想如果没有妹妹你就可以得到全部了，尤其是当父母关爱妹妹多一些的时候，你的心里就更不是滋味了！

这时，你会怎么做呢？

## ↘ A 收好属于自己的东西

心里的不平衡和委屈让你再也不能和妹妹和平共处下去，你认为她得到的比你多，却还要不时地来分享你的东西，于是你要和她划清界限，收好属于自己的东西，井水不犯河水。你甚至还会处处针对妹妹。可是亲爱的，这样你就会开心了吗？其实问题的根本不在于谁的东西多少，而在于你的内心，在你心里父母偏袒妹妹已经是既定事实，你的"委屈""小自私"和愤怒，一股脑儿都冒出来了，和妹妹划清界限后你还是会难过、委屈、不平衡，难道不是吗？

↘ **B 和父母说出你的感受**

　　你内心的不平衡感越来越强，于是你决定找父母好好谈谈。问他们为什么偏袒妹妹，为什么每次分东西都要让着妹妹，为什么你们不能得到公平的对待。你的父母也许会恍然大悟，你的"质问"让他们突然发现原来自己的大女儿有这样的想法，他们竟然一直忽视了你的感受。亲爱的女孩请你先冷静下来，其实父母真的没有故意去偏袒谁，去爱谁多一点，你和妹妹都是他们的孩子。你这样坦白地说出你心里的想法很好，这样父母在以后的生活中就会注意你的感受，给你更多的"公平"。不过你要明白，作为姐姐你要疼爱妹妹，毕竟她还小，她不会故意去和你争夺父母的爱。

↘ **C 她多我少也没关系**

　　作为姐姐的你会感到自己的责任，因为你是家里的"老大"，所以你有"老大"的胸襟。你根本不会在乎东西分的多少。妹妹有时候会撒娇，让父母多偏袒她一些，所以她总是会获得更多挑选占有玩具零食的权利。这时的你并不会生气，反而和父母一样觉得她撒娇的样子很可爱。慢慢地，妹妹长大之后也会理解你这个姐姐对她是多么的包容和体谅，她会用加倍的体贴来回报你。

**悄悄话**

　　可爱的孩子，你要理解，妹妹是比你小的孩子，她没有你强大，没有你懂得多，所以父母多关注比你弱小的妹妹是很正常的。而你作为姐姐，为什么不像C一样去表现出姐姐的责任感呢？我想如果你像C那样去做了，你的妹妹会非常幸福和骄傲的，因为她有一个这么疼爱她的姐姐。当然你也可以像B一样去表达自己的感受，让父母了解你的真实想法，可是千万不要因为自己心里的不平衡就对家人有偏见，甚至疏远家人哦。

更好的方法

# 黏人的小妹妹让你烦恼不已

叔叔家的小妹妹总是不打招呼就直接闯进你的房间，这让你很苦恼，因为你不希望自己的私人空间被别人打扰，而且妹妹总是会随便碰你的东西，把你精心收拾的房间弄乱。忍无可忍的你用尽了办法，锁门、劝说、拿零食贿赂，但是治标不治本，小妹妹总是在尝到甜头不久之后就故伎重演，真是让你无计可施。

这时，你会怎么做呢？

## ↘ A 狠狠教训她

此时的你觉得妹妹太过分了，你想不通她为什么喜欢粘着你，总是来烦你。在用过锁门、劝说、零食贿赂多种办法之后，你再也不能和颜悦色地对她了，你开始使用暴力，只要小妹妹闯进你的房间捣乱，你就对她暴力相向。可是你会发现，小妹妹会慢慢疏远你，甚至怕你，她还小，作为姐姐还是宽容地看待她的调皮吧！

## ↘ B 请求家人教育她

你已经对妹妹的调皮束手无策了，只能请家人出来帮忙。你会向家长讲明你不希望被打扰的原因，并希望他们看管好妹妹不要再闯进你的房间。

↘ **C** 和妹妹约法三章，达成和解

　　你是个很有耐心的人，虽然妹妹的调皮让你哭笑不得，她的行为有时打扰到你，可谁让她是妹妹呢，于是你决定改变策略和妹妹约法三章。你明白妹妹是喜欢和你玩才会总闯进你的房间，于是你答应只要妹妹听话你就会陪她一起玩。能这样做你真的是个好姐姐，并且你的大度亲和会得到更多人的喜爱。

## 悄悄话

亲爱的女孩，我们在生活中会有不同的身份，扮演不同的角色。在父母面前你是女儿，在老师面前你是学生，在妹妹面前你是姐姐，这就要求你在面对不同人时要有不同的态度。小孩子在小的时候还不太明白道理，你需要对他们十分有耐心，这是解决类似事情的前提，当面对难缠的妹妹时，你要明白你不只是你自己，还是姐姐。所以像 C 那样做是很棒的，不仅教育了妹妹，得到她的谅解，还能增进你们的姐妹情。如果妹妹实在调皮和解不成的话，采取 B 的做法也是不错的！一定要记住不可以随便发脾气，采用暴力哦，那样会让你在大人们和妹妹心目中的形象大打折扣。

更好的方法

## 7 怎样跟"讨厌"的表哥过假期

盼啊盼终于放假了,你早已经把难得的假期安排得满满的,还制定了好多和好朋友的甜蜜约会,就在这时妈妈告诉你,表哥要来你们家过假期。天呀,简直是晴天霹雳!你跟表哥从来都是冤家路窄,想到漫长的假期你要和他住在一起,先前的好心情顿时烟消云散,失落至极。

这时,你会怎么做呢?

家庭篇 用爱做的炮弹也伤人

## ↘ A 冷战爆发，对表哥视而不见

你很有自己的小个性，对于自己讨厌的表哥你决定采用冷战的方式对待。表哥到来之后你会对他视而不见，以此表示你对他的不欢迎，你甚至希望他能知趣一些早点离开。可是亲爱的女孩你想过吗，如果你的表哥对你的"视而不见"无动于衷，你岂不是更加郁闷？

## ↘ B 请求休战，重新建立好感

你是个通情达理的孩子，你明白即使从前和表哥有过不愉快的经历，可那些都是过去的事了。你会对表哥的到来表示欢迎，主动和他说话，和他重新建立好感，毕竟是有血缘关系的哥

哥，总不能一辈子不往来不接触啊！如果你不接受表哥，你就会觉得他也在排斥你，其实这都是你自己的小心结罢了。主动去接受别人，才能获得别人的理解和喜爱。

## ↘ C 对客人谦让一点儿

你尝试了用各种方法劝说自己接受表哥,可是都失败了。你又不想和表哥一直处于"备战"状态,于是你想了一下,主人是如何待客的呢?当把他当成客人,你这主人是无论如何不能对客人无礼的。所以这样既保证了你和表哥的和平共处,也能让你过得开心轻松一些。时间一长,你就会发现你们的关系会发生你意想不到的变化哦!

### 悄悄话

其实没有什么大不了的,就算你之前不喜欢这个表哥又怎样,事情都过去了,何必总用旧眼光看人呢?多一个朋友总比多一个敌人要开心得多。青春期的女孩容易小心眼,所以更要提醒自己不要做一个小气的人,宽容接受你不喜欢的人是一件很伟大的事哦。而且表哥真的那么让你讨厌吗?难道不是你戴有色眼镜看他吗?所以学会把自己的心态放平,把自己的心打开,不要随便地对别人心存芥蒂,这样才能活得开心啊!如果你目前没有办法像 B 那样,你也可以学习 C,保持起码的礼貌总是好的。

更好的方法

## 8  你不想做家务

父母总是会给你分配家务，占用了很多你原本可以放松玩耍的时间，甚至还影响了你原本的学习时间。他们一会让你整理自己的房间，一会又让你倒垃圾、洗盘子，你感觉他们好像在特意针对你。做家务真的是件让人头疼的事情，怎么永远都有没完没了的家务呢？于是你开始有各种情绪，开始为此烦恼。

这时，你会怎么做呢？

## A 耍小脾气"警告"父母

你觉得父母塞给你的任务是你不喜欢的，完全违背了你的意愿，于是你开始耍小脾气，摔门、不讲话、摆臭脸，以"警告"父母以后不要再"命令"你做家务了。可是亲爱的，你要记住，坏情绪永远不要做出来，而要讲出来。沟通，是我们人与人之间最美好的艺术。你为什么不开个家庭会议，向父母说明你的真实想法呢？耍脾气不仅会伤父母的心，还会影响你的情绪。父母让你做家务，开始让你学习照料自己的生活，因为他们知道你正在长大，你需要自己的空间，自己的事情自己解决，这是多么棒的过程啊！

## ↘ B 和父母完美分工

零七八碎的小任务让你烦乱,可你是个聪明且善良的孩子,你主动找父母谈话并把家务完美分工,于是以后你只需要完成自己负责的部分即可。比如,每周二、四、六由你刷碗,家里的垃圾都由你负责清理倒掉,你也会整理好自己的房间。当然,你是家庭的一分子,大扫除可不能偷懒,在每个周日,也许你们会一起打扫房间,一起清洁厨房,这与约定工作范围并不矛盾。要知道,设定家务工作范围的意义是,你有了明确的家务分工,人人都会看到你正在完成工作,并且做得很好。而你也学会了计划自己的生活、分配自己的时间——在什么时间处理家务,在什么时间完成作业,在什么时间玩,都在你自己的掌控之中。

## C 多承担家务，并以此为荣

你认为自己已经长大了，你是家里的小主人，做家务是应该的，并以此为荣。所以，你非但不会逃避家务，还会主动承担家务，来减轻父母的负担。做家务不仅可以让父母高兴，还可以锻炼身体，偶尔还能捡到很久之前失踪的玩具。做家务的过程，还可以看成是个探险的过程，这简直是太棒了。慢慢地你会发现，父母开始把更多任务放心地交给你，他们开始把你当成"小大人"，他们知道你有能力照顾自己，并非常信任你能把一切处理得很好。被家人肯定的感觉真的很棒，你也越来越有自信了。

### 悄悄话

亲爱的女孩,你已经进入青春期,不再是娇滴滴的洋娃娃,而是家里的小主人了。做家务正是你行使主人权利的第一步,如果你对家务应付不来还因此影响了学习,记得要学会和父母沟通,让他们给你更多成长的时间。你可以让他们为你划定清楚的家务范畴,这样既能让你的家务和学习不冲突,还不会那么劳累。学会完美处理学习和家庭生活中的问题,你会发现自己越来越棒,同学和家人越来越喜欢你,你会得到更多的肯定,你也会越来越自信的。

更好的方法

**家庭篇** 用爱做的炮弹也伤人

### 现在，女孩们，来看看你的答案！

选A的有____ 选B的有____ 选C的有____

## ↘ A 坚持原则的女孩

你是这样一个女孩——在家庭里，原则和秩序对你来讲是十分重要的，你很坚持自己的主张。对家人和朋友你会用规则来区分他们的对错。你很能干也很能接受挑战。你十分积极、乐观而自信，很善于表达自己的观点，并能获得大家的认同。

需要注意的是：你不怎么善于倾听哦。要记住，被理解是很重要的，但是去理解其他人的观点和想法同样重要。不太容许别人有自己的观点和想法，到最后你就会失望，因为不是每个人都能遵守你的规则。

## ↘ B 开诚布公的讨论者

你是这样一个女孩——你最喜欢的事情就是每天和妈妈来一场舒服的长谈。你很敏感，也十分在意他人的感受，当其他人有什么想法时，你总是能发现蛛丝马迹，然后很敏锐地察觉到他们真实的感受。对于你最亲近的人，你总是能让他们感觉到你的心意和爱，你也倾向于与他们达成共识。

遇到分歧时，你会尝试寻找每个人都能接受的解决方案。你希望每个人都能开诚布公地把事情讲出来，然后讨论并达成共识，直到大家都感到舒服为止。你不希望家人中有任何隔阂。

可是亲爱的女孩，你要明白，每个人的想法都不同，不是每次发生问题都能达成统一，如果没有得到你想要的、一致的回应，你也许会失望，但是你需要接受。尽量找出一种积极的方式表达自己的感受吧，比如写信的方式就不错。

## ↘ C 和平的使者

你是这样一个女孩——对待生活你有着轻松的、甚至满不在乎的态度。对于家人来说，你总是给大家带来欢乐，是大家的"开心果""小宝贝"。与你在一起生活是一件非常快乐的事情，因为你能让生活变得轻松。

你有一种无私奉献的精神，你的家庭对你来讲十分重要，你总是默默地为他们付出着。

你特别乐意"随大流"，当有分歧发生时，你总是不去表达自己的意见，而是默默地听从别人的安排。

需要提醒你的是，要学会在适当的时候表达自己的观点并引起大家对你的关注。要知道，你也是这个家庭的一分子，而且你也很重要。总是不发言，希望别人把自己忽略掉，这样就没有人知道你真正的需求啦！

如果你有2个或3个选项一样多，嗯，那么恭喜你，你有很强的适应力，并且能协调好自己在生活中的不同角色，并且生活的丰富多彩！

关于家庭中更多的烦恼问题,记下来寄给我们,会收到意想不到的礼物哦!

## 朋友篇

# 友谊花园里的毒蘑菇

叶子和太阳是朋友，于是它们一起制造出氧气；鱼儿和海洋是朋友，于是它们一起构成了奇妙的海底世界。因为是朋友所以息息相关，因为是朋友所以形影不离。可爱的女孩更是离不开朋友，伴你入睡的洋娃娃、憨态可掬的小猫咪、总是调皮的邻居哥哥，有了这些朋友才让你成长的道路色彩缤纷。

可是叶子会枯萎，鱼儿会老去，你们会长大。长大后你会有这样一些朋友，她们与你年龄相仿，有很多共同语言，甚至彼此的小秘密。你们一起哈哈大笑、一起吃饭、一起去购物，仿佛一刻不见都会空落落的。然而慢慢你会发现，结交朋友和经营友谊并不是一件容易的事。交朋友这件事开始变得复杂，友谊除了带给你棉花糖般的甜蜜，还会让你品尝到巧克力的苦涩。

在接下来的日子里，你经营友谊的方式将会受到很大挑战，你该如何应对？翻开下面的书，会让你发现不一样的自己。

## 1 如何应付"威胁"你的朋友

你有两个好朋友佳佳和月月,你与她们俩的关系都很密切,但她们两个彼此却没有好感。有一天,佳佳突然对你说:"如果你仍然和月月做朋友的话,我就不再理你了,以后我就不是你的朋友了。"

这时,你会怎么做呢?

朋友篇 友谊花园里的毒蘑菇

## ↘ A 从此疏远佳佳

佳佳的"小威胁"让你非常为难。你甚至想找出佳佳如此讨厌月月的原因,可是你却不得其解。佳佳的友谊让你感到了很大的压力,反而和月月在一起的快乐轻松让你喜欢月月多一些。于是佳佳的无理要求让你渐渐疏远了她。可是亲爱的你要明白,佳佳排斥月月正是因为她很在乎你这个朋友,是佳佳的小自私让她不想和月月分享你的友谊,所以在疏远佳佳之前还是好好考虑,想想别的办法吧!

## ↘ B 想办法让她们俩成为好朋友

善良的你明白佳佳和月月都是你的好朋友,你不愿意放弃她们任何一个,于是你希望佳佳能够接受月月,让你们三个人成为永远的好朋友。其实青春期的女孩都会有这样类似的经历,所以当遇到这个问题时,就用你的友谊去化解这场没有硝烟的战争吧,让佳佳抛开女孩的那些小肚鸡肠,体会到和月月在一起的快乐并成为好朋友,这将会是一件很令人开心的事。

↘ **C** 过段时间再考虑这个问题

你会先做一个"夹心人",和她们都保持关系。你认为,出现这种情形可能只是因为她们在怄气,过段时间等她们气都消了,那时候再来看这件事,也许已经不成为问题了。谁知道她们不会成为更好的朋友呢?

### 悄悄话

亲爱的女孩,青春期的你会有些小情绪,小心眼和小自私,所以友谊常常是我们发挥自私威力的牺牲品。然而友谊又是一种十分奇妙的感情,它能让我们疏远,也能让两个原本不相干的人靠得很近。如果你也遇到了类似的问题,不如像B那样去做吧,不要轻易放弃一份友谊,也不要盲目地被友谊牵着鼻子走。勇敢地做你认为正确的,运用自己的聪明去浇灌出更多的友谊之花吧!

更好的方法

我该怎么办

## 2 你总是嫉妒朋友，怎么办

当你的朋友人际关系比你好，考试成绩比你好，或者当她有一件比你的衣服漂亮得多的衣服时，你总是感到十分嫉妒，甚至你会想说些很酸的话来讽刺她。你真的不想这样，你真怕控制不住自己。

这时，你会怎么做呢？

## ↘ A 自己和自己比，不和别人比

每个人都有自己的优势和劣势，没有人是完美的，更不可能处处都比别人强。当你的朋友在某些事上比你做得好时，只是让你多一个目标——那就是把其他事情做得更好。你不可能在每件事上都比别人强，当然她也不能。把这些都当做一种激励吧。

## ↘ B 为自己有这样的朋友高兴

有嫉妒才能发现强者，才能发现自己的不足，你为有这样的朋友而感到欣慰，你会把她当作你的学习榜样，多多发现她的优点，弥补自己的不足，相信你将来有一天会和她一样优秀的。

## C 不让嫉妒浪费自己的精力，把嫉妒转化成动力

发现自己的优点，学会赏识自己。在日记本里，把自己的优点找出来，写在本上，再把嫉妒别人的事情记下来，看看自己是否也能做到，或做得更好，把嫉妒转化成动力，这会让自己更加自信和快乐！

### 悄悄话

　　A、B、C 都是积极的做法和态度！嫉妒是女孩的天性，也许你无法回避，即使你已经很刻意地压抑，仍然无法避免嫉妒心作祟。那么，你为什么不试着转化这种情绪呢？山外有山，总有比你强的人，也有比你弱的人，与其浪费时间和精力去嫉妒别人，还不如想想怎样让自己做得更好呢！把嫉妒转化为动力，让自己更加努力，更加优秀，你就会变得更积极，你的生活也会一天比一天快乐。不信试试看哦！

更好的方法

# 3 泄密的朋友,真气人!

你把芳芳当成最好的朋友,你总是悄悄把自己的小秘密告诉芳芳并请她为你保守秘密。可是没想到几天之后,你发现大家看你的眼神都怪怪的,还有人在背后悄悄议论你。原来,芳芳把你的小秘密告诉了别人,如今班上好多人都知道了你的小秘密。你觉得好尴尬呀!

这时,你会怎么做呢?

## ↘ A 直接去质问芳芳，并警告她

当你发现芳芳没有替你保守秘密的时候，你立刻跑去质问她。因为你是出于信任才把秘密告诉她的，而她没有权利把你的秘密告诉别人。你质问她为什么要这么做，难道不知道这样做会令你很尴尬很伤心吗？你甚至警告她，如果她再这样泄露你的秘密的话，她的秘密也会保不住的。如果她再这样做，你就会彻底和她绝交。你认为一个出卖朋友秘密的人就不再有资格做你的朋友了。

## ↘ B 和芳芳好好谈谈，以后还是朋友

此时的你认为芳芳是无意中说出了你的秘密，你不想在事情还没搞清楚的时候就去责备她，你更不想因此失去一个朋友。于是你找了一个合适的机会，询问她这样做的原因，了解她是否有苦衷，是否已经很愧疚。你们真的还太年轻，年轻到有说不完的话，年轻到对别人的一切都充满好奇，女孩之间的聊天最爱聊起姐妹之间的小秘密，所以像芳芳这样无意中泄露你的秘密，请原谅她，毕竟她不是故意泄露秘密去伤害你。

↘ **C** 不在乎，知道又怎样呢

　　大家都知道的秘密就不再是秘密了。于是你十分乐观地采用沉默的方式，无论谁提起，你都不去辩解或者解释。这样大家很快就对这件事失去兴趣，转移了注意力。亲爱的女孩，我只能为你鼓掌，因为你做的太棒了，你有效地维护了自己的自尊，并且对朋友表现了极其的大度。

## 悄悄话

真的不用去在乎！世界上没有永久的秘密。当你把你认为是秘密的事情告诉别人时，其实秘密就不存在了。事实是你自己先把秘密传播出去的，怎么能怪别人呢？建议当你想和朋友分享秘密时，首先要有秘密可能会被公开的思想准备，如果你认为这没什么，再和朋友说吧！而且请可爱的女孩们记住，不要对别人的事情过于好奇，小心自己一不留神成为传声筒，因为贪图一时的口头痛快而失去一个朋友，就太不值得了！

更好的方法

## 4 为什么她总是模仿你

朋友和你一起购物时,总是喜欢和你买一样的东西,比如买笔时你挑哪个样子她就会挑哪个样子,你选什么颜色她就马上和你选同一个颜色,这让你十分苦恼,因为你不想和她有同样的东西!最苦恼的是最近姑姑送给你一件很漂亮的衣服,同学们都很羡慕你,正在你为自己的漂亮衣服骄傲时,她竟然也买了一件一模一样的,并且还向你炫耀那双和你一样的你最喜欢的鞋子!

这时,你会怎么做呢?

朋友篇 友谊花园里的毒蘑菇

## ↘ A 疏远她，再也不想看见她

告诉你的朋友，你很不容易才保持了自己的独特性，你花了很多心思，而且你不喜欢和任何人穿得一样，是的，任何人！她应该认识到对你来讲，保持自己的风格有多重要。并请她下次再也不要这样了，不然你会不高兴的。

## ↘ B 帮助她找到适合自己的风格

找一天和她一起去逛街，帮助她挑选服装。她也许不清楚自己该怎么打扮，而模仿你是她想到的"捷径"。这样的她需要一点点鼓励和指点，而你就是给她这些建议最好的人选。

## ↘ C 开心接受她的行为

大度的你并不因为她的行为气愤,你认为穿一样的衣服,用相同的东西这是很正常的。即使是她真的在模仿你那也没有什么大不了,这正说明了她喜欢你,而你也应欣然接受这个朋友。

## 悄悄话

亲爱的女孩，如果遇到这样的问题不妨试着像C那样做吧。青春期的你们正处于心智发展趋于成熟的阶段，此时的你们有点小自私、小虚荣也是很正常的，你希望自己独一无二、受人瞩目，所以当发现别人模仿自己时你就觉得很糟糕。可是反过来想想，用宽容的心态去对待，毕竟谁也不能规定别人不能和你用一样的东西，穿一样的衣服啊！如果你想像B一样找她好好谈谈也是很好的，但是记住一定要语气平和，如果她真的在盲目模仿你，那么请你告诉她，她有很多优点，她的皮肤很白，她的眼睛很漂亮，她完全可以根据自身特点去挑选更加适合她的东西，这样你不仅帮助了她，还能多一个好朋友，何乐而不为呢？

更好的方法

# 如何安慰失去父亲的朋友

你有一位好朋友的爸爸病了很长时间,就在几天前,他过世了。你知道你的朋友一定非常伤心,你也替她感到非常难过。你很想安慰她,但是你不知道该对她说些什么,或者你该为她做些什么。你不清楚她是否想与人交谈,可是你又担心她把悲伤藏在心里会很难过。

这时,你会怎么做呢?

## ↘ A 直言不讳，弄巧成拙

看着自己的朋友独自一人忍受着失去爸爸的痛苦，你十分心疼，于是天真的你直接找她谈起她爸爸去世的事，并且用心的安慰。而你的朋友可能在听到你的安慰后再也不愿意理你，因为你直接的安慰可能触及了她并不想提的伤心事。所以在安慰之前一定要想清楚，她是否已经做好准备接受大家善意的关心，不仅如此，你还应该学会在不同的场合使用不同的表达技巧，照顾别人的情绪。

## ↘ B 给她个肩膀，让她可以悲伤

你会先问问你的好朋友她是否想对人倾诉，还是只想自己安静地待着。你只需要告诉她，你会一直在她身边，陪着她。如果她想说话，想表达，那么你会是一个最好的倾听者。告诉你的朋友，无论何时她想谈论都可以。当她准备好之后，她会确定她有一个非常信赖的朋友可以倾诉，并且有一个肩膀可以随时让她依靠。

## ↘ C 用行动帮助她忘记悲痛

　　好朋友的爸爸去世了，这无论如何都不是一件愉快的事情，不论怎么安慰，也许都会惹起她的伤心。此时的你不愿意再多说什么去勾起她更多的伤心回忆，于是你经常组织朋友们和她一起玩，关心她、帮助她，带给她友谊的温暖和快乐。或者只是聚在一起，然后谈论一些很平常的话题，用行动告诉她生活依旧正常，一切都在继续。这会非常有助于她渡过难关，也能够帮助她很快忘掉不愉快的事情。

### 悄悄话

　　B和C都是不错的办法。对于悲伤的好友而言，有一个可以倾诉的好朋友很重要。因为倾诉可以成为化解悲伤的工具。当然，作为好朋友，你还可以用行动使她淡忘痛苦。只是要注意，行动一定要恰当哦。失去亲人的痛苦会使女孩的情感和自尊变得非常脆弱，我们作为好朋友在帮助她安慰她之前，一定要换位思考，想想如果你是她你会怎么样，你会需要什么，什么样的话能说，什么样的话会刺激到她，学会将心比心才能更好地帮助别人啊！

## 6 朋友对你不诚实，心里很难过

你最要好的朋友对你撒谎了。前段时间你问她要不要和你去看电影。这是你很想看的电影，也很希望能和她一起去看。可她却回答说她只想睡觉，对电影没兴趣。你接受了她的解释，只好一个人去看了。可是没想到，当你独自到达电影院的时候，却看到她和别人一起来看电影了。

面对这个"背叛"你的朋友，这时，你会怎么做呢？

朋友篇 友谊花园里的毒蘑菇

## ↘ A 生气地质问她

怒气冲冲地直接跑去质问她,问她为什么骗你说对电影没兴趣,问她为什么要对你撒谎。如果是她和别人有约在先你可以原谅她,但却不能理解她为什么要对你撒谎。你会明确地告诉她,希望她下次能够实话实说,毕竟朋友之间要诚实。但是亲爱的女孩我要告诉你,冲动是魔鬼,你这样气冲冲去质问她,会让她在朋友面前很尴尬,还会伤害到你们的友谊,即使再气愤,也要冷静下来,学会事后解决。

## ↘ B 了解事情的前因后果再做决定

也许这中间有什么误会?是你的朋友在你询问她之前就已经答应了别人一起去看电影?还是有什么特殊情况导致了这种状况?一直生气不能解决任何问题,于是你会去问清楚到底是怎么回事。其实你不是小气的人,不会因她早已有约拒绝你而生气,只是希望能搞清楚事情发生的原因。这样,再来决定接下来怎么做,是原谅她,继续和她做朋友,还是跟她掰了。其实你要明白,每个人都有自己的选择权,即使你们是朋友也要给她空间让她做想做的事,当然她不陪你看电影并不代表她不在乎你这个朋友。

↘ **C** 装作不知道

　　感觉受欺骗的你并不会冲动地做任何举动,你既不会生气,也不会恼火。你认为她对你撒谎是怕伤害你们的友谊,怕你不能接受她拒绝你的理由,所以才撒了个"善意的谎言"。既然如此,你也不用去拆穿她,就让这件事成为你们之间美丽的"小秘密"。再说,也许有一天她会告诉你事情的原委呢!

### 悄悄话

　　B和C都是你可以采用的方法哦！如果你的朋友是个什么事都满不在乎的女孩，经常忘事，那么像B那么做比较适合你。也许知道了事情的原因，你就不会那么生气了。你们的友谊也就没有你想象的那么糟糕，如果她确实是事出有因，就试着去原谅她吧，这样让两个人可以彼此都更快乐呢！当然，如果你的朋友是个朋友很多的人，还是像C那样，装作不知道好了。如果按A那样做，也只是一时的发泄气愤而已，结果会怎样呢？事后你会开心吗？如果知道了她是故意的，不喜欢和你在一起，也只能说明你们不适合做朋友而已。那就试着找个新朋友吧！不是有过交往就一定能成为永远的朋友！

更好的方法

# 7 如何理解失约的朋友

你和莉莉是形影不离的好朋友，你们总是一起放学、一起上学、一起吃东西、一起写作业，甚至上厕所都一块去。这个周末你约莉莉到你家里来玩。你还特意让妈妈精心准备了点心、饮料，还有你们俩最爱看的图书。可就在你满心欢喜地等待莉莉到来时，莉莉却打来电话说有事不能来了，你感到很失望。

这时，你会怎么做呢？

朋友篇 友谊花园里的毒蘑菇

## ↘ A 开始怀疑你们的友谊

莉莉不能来,你感到失望极了,你甚至开始有点怀疑她是不是像你一样那么重视你们之间的友谊——有什么事情能比来你家和你在一起更重要呢,何况这是你们早就约好的。她不能来已经是既定的事实,你也没办法。但是你心里仍旧会感到很不舒服,有点闷闷的,看着已经准备好的那些零食,你非常伤心并决定以后再也不约她了。亲爱的,此时你的"小自私"在作祟哦,一定要注意控制,我们不能过于在乎自己的感受,遇到问题要学会为他人着想,这样你才能做个合格的好朋友啊!

## ↘ B 了解到底发生了什么事,自己能否帮助她

此时的你非常担心莉莉遇到了什么麻烦。你是她最好的朋友,如果不是很重要的事情她不会不来的,这时你会抛开莉莉失约给你带来的失落感,并询问她是否需要你的帮助。你相信莉莉一定是有重要的事情才不能赴约,你们之间的小聚会随时都可以再约。

↘ **C 这是经常发生的事情**

你很懂得把握朋友间相处的距离，你明白即使你们好得"像"一个人，也毕竟都有自己生活的圈子、家人和各种琐事。她肯定有突发状况而无法前来赴约，所以你十分体谅她！如果她以后不愿提起这件事，你也不会再追问。因为你懂得尊重朋友的隐私，这样彼此留有余地的友谊才会更加长久。

## 悄悄话

既然是形影不离的好朋友，既然她告诉你有事不能来，那一定是有很紧急的事。是的，你很生气，也很失望，但记住，这不是背叛。谁都有可能为了其他选择而放弃约会，你也会有这种情况发生的。生活中本来就有很多突然的变化，况且你们还不是成年人，很多事情不是你们可以左右，临时爽约的情况就更容易发生了。

当然，即使真的没有事情发生，她只是不想来参加你们的聚会了，所谓的突发事件只是一个借口，你也不要生气或者发火。每个人都可以有自己的选择，如果她做出了不赴约的选择，作为好朋友，你要理解她。要用宽容的态度看待这件事，并相信，只有这样的彼此尊重才能让友谊长存。所以我们不妨向 B 和 C 学习吧，做一个贴心的好朋友。

更好的方法

##  啊!她居然吸烟!

你发现你的好朋友在偷偷吸烟,这是你们的父母明确要求你们不能做的事情之一。你无意中看见她和她的其他朋友在礼堂吸烟。你觉得应该让她的父母知道这件事。可你的一个朋友却说你不应该告诉她的父母,因为如果这样做了,你的好朋友是不会原谅你的。

这时,你会怎么做呢?

**朋友篇** 友谊花园里的毒蘑菇

## ↘ A 矛盾心理，渐渐疏远她

看到自己平日的好朋友吸烟，让你非常不理解和不开心，因为你不知道如何帮助她改掉这个不良行为。朋友告诫不能向她父母告状，可是你又碍于面子不知道怎么对她进行劝解，于是矛盾心理让你非常痛苦，你甚至开始因为她吸烟而把她列入了坏孩子的行列，矛盾心理促使你不知道如何是好，于是渐渐地疏远她，放弃了这个朋友。

## ↘ B 开诚布公，好言相劝

此时的你认识到事情的严重性，不过还好一切才刚刚开始，因为你们是好朋友所以你一定要帮助她改掉不良行为，于是你要和她好好谈谈，劝告她不要再吸烟了，告诉她吸烟的危害，并承诺如果她不希望你告诉她的父母，你是不会去告密的。这样你不仅给了她及时的提醒和正确的引导，还会让她更加感激你，珍惜你这个好朋友。亲爱的女孩，你真的是她真正的好朋友，因为你真心地为对方着想，而不是怕影响友谊而对她的不良行为视而不见。

## ↓ C 告诉她的父母

吸烟会导致可怕的肺癌、呼吸系统疾病和心脏病，并且吸烟对正处于发育期的你们来说有着很大的危害。此时的你认为情况紧急，一定要赶紧告诉她的父母。她的父母才有威力阻止你的朋友吸烟，这样才能避免以后她受到更大的伤害。可是如果她的父母没有采取恰当的方式沟通、教导，而是采取辱骂或者强硬的管制，那你的朋友将会受到很大的伤害。青春期的你们有着很强的叛逆心理，如果她认为父母的行为伤害了她的自尊心，勾起了她的反叛情绪，那么事情会更糟糕。

### 悄悄话

　　B 选项不错。好朋友就是要这样无话不说，她做了错事，你作为朋友就要赶紧帮助她改正。千万别自作主张告诉她的父母，因为这样很可能让事情变得更加糟糕。如果她的父母狠狠惩罚她，容易给她的身体和自尊心带来很大的伤害。其实，作为平辈的好友，你的劝解比父母的警告更管用！如果她不听劝告，你就要及时和她的父母沟通了，并要确保她的父母能体谅青少年这一阶段的叛逆，对她加以正确的管教。所以，平时处理问题的时候要多方面，多角度的换位思考哦！

更好的方法

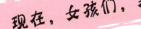

选A的有____　选B的有____　选C的有____

## ↘ A 爱憎分明的火暴女孩

你是这样的女孩儿——从来不畏惧讲出自己真实的想法，尤其是当你遇到特别感兴趣的事情时。你爱憎分明，从不喜欢被他人左右，你会保护你的朋友，但也常因冲动而伤害朋友，并会因此伤害到你自己。你朋友多，但也会经常失去朋友。

需要改进的地方：要多给朋友表达自己意见的机会，注意认真去倾听他们想说的话。别人一样有自己的想法，也值得你听取。如果你肯这样做，那么你一定会赢得朋友们真正的尊重。你们的友谊之船也会航行得更加顺利。

## ↘ B 善良心细的女孩

你是这样一个女孩儿——特别喜欢结交朋友。非常珍惜你身边的每一个人，失去朋友会让你非常的伤心，你把友谊看得非常重要。甚至放弃自己的快乐，十分努力地让身边人过得愉快。你是一个很好的倾听者，也非常善良，你的朋友都很依赖你的支持和鼓励。

当朋友有不愉快的事情发生了，你会尽自己最大的努力让大家好起来。你不肯表现你生气了，你很容易原谅别人，即使你自己受到了伤害，也能很快体谅别人。你总是试着让自己变得可爱，讨人喜欢，乐于助人。

请记住：不要用自己的委屈做代价来保证友谊，朋友之间是平等的，你需要确定，你让你的朋友有机会了解真正的你吗？委曲求全，有时并不能带来真正的友谊！如果友谊让你很累，总是受委屈，那你就需要学会表达自己的情绪，学会说"不！"记住，友谊是双向的，告诉对方你不高兴了，这很正常。

## ↘ C 自由精神者

与其他人不同，你聪明而理性，你很少和别人交流，从不苛求别人做你的朋友。你对待任何事都能保持积极乐观的态度，朋友们和你在一起会觉得非常自由舒服。你不怕被孤立，因为你总是很自信。

你知道吗？自信的你，总是让朋友不知道你在想些什么。

在发生问题时，朋友会觉得你很不在乎你们这段友谊，因为你总是表现出"无所谓"的态度。与他们分享你的想法和观点吧！特别是当朋友误解你时，学会表达会加深彼此的友谊，会让你和朋友更加了解对方。

如果你有2个或3个选项一样多，嗯，那么恭喜你，你是全能女孩儿，会和朋友在生活和学习的相处中没有烦恼，自信而快乐！

关于家庭中更多的烦恼问题,记下来寄给我们,会收到意想不到的礼物哦!

## 学校篇

# 小"社会"大生活

　　小鸟在天空学会了飞翔，花朵在春天学会了绽放，而我们在学校里学会了知识。从 123 到加减乘除，从自然常识到生物理论，学校就像一位慈爱的长辈，给予我们无限的关爱和耐心的教导。从一个同桌到一个集体，从一场小游戏到人生哲理，学校就像一座魔法城堡，让我们懂得交往和成长的秘密。

　　亲爱的女孩，当你读到这里的时候，就说明你们已经长大了。慢慢地你会发现学校生活里越来越多的法则，和同学要和平共处，要融入集体，要积极进取；慢慢地你会发现学校生活里越来越多的不如意，被老师批评、被同学欺负、成绩下滑。可是亲爱的，你不觉得这一切都充满了挑战吗？你不觉得这是你人生中经历最精彩的部分吗？

　　所以当你遇到这些问题时不要急着懊恼、逃避，来看看下面的选择，问一问自己，我该怎么做？

## 1 无法融入新学期的师生联欢会怎么办

虽然已经和新同学相处了半年,可是你仍旧无法和他们说说笑笑、打打闹闹,像对待以前的同学那样。很快就要举办新学期联欢了,你为此十分烦恼,你不想参加,怕在这个聚会上受冷落。因为和新同学不能玩到一起,会很尴尬很孤单,但是班主任要求每个人必须到场。于是你陷入了深深的矛盾之中。

这时,你会怎么做呢?

## ↘ A 参加联欢会并默默地坐在角落里

你害怕被排斥,害怕同学对你的话题不感兴趣,害怕被冷落后的尴尬,于是你默默地坐在晚会的角落里,不被人发现。

亲爱的,事实是这样吗?你真的有那么不起眼到没有人愿意理你吗?想让别人怎么对你,你就怎么去对待别人吧!想要别人喜欢你接受你,请先走过去喜欢别人接受别人!站起来走过去,你会发现一个不一样的新世界!

## ↘ B 提前主动约好某个同学,联欢会时坐在一起

你为了不使自己在联欢会上过于被动或者被冷落,你可以约和你有同感的同学,并商定到时候要坐到一起。亲爱的,这真的是个很好的办法,不过我还是希望你能够在联欢会的时候站起来去和更多的人成为朋友,让他们喜欢你,接受你,这真的不难,马上行动吧!

↘ **C 相信自己会在联欢会上和同学相处得很融洽**

　　你并不认为和新同学接触是多么困难的事，你有十足的信心会在现场和他们相处得很好。因为你有很多的小故事，小笑话，大道理，相信他们会对你的话题感兴趣。亲爱的女孩，人际交往是件很有意思的事，发挥你的优势，去吸引更多的人成为你的好朋友吧！

### 悄悄话

亲爱的女孩，其实人和人的接触真的没有你想的那么困难，保持微笑并怀着一颗真诚的心与人交往，没有人会拒绝你。记住，想要获得朋友就要先把他当做朋友，如果你连和别人接触的欲望都没有，凭什么让别人主动来接触你呢？

更好的方法

## 2 如何面对严重的"偏科"

你的语文成绩特别棒,你经常在报纸上发表小文章,同学们都称你为"小作家",这让你非常自豪。然而在学校里,和你的作文一样"闻名"的是你在全年级倒数的物理成绩。每次考试你总是因为物理成绩拉后腿,使总成绩落到后面,这令你十分伤心。更为严重的问题是,慢慢地你只想上语文课,想到要上物理课你甚至想"逃跑",当然物理课你根本也听不进去。

这时,你会怎么做呢?

## ↘ A 偏科没什么大不了

拉后腿的物理成绩并没有影响到你的情绪，你认为每个人都有自己的爱好和特长，做好自己喜欢的、能做的就可以了。偏科对你来说算不了什么，你仍旧会有令人羡慕的语文成绩。

可是我要告诉你的是，这是个很没有创意的想法！也是懦弱和不负责任的一种表现。因为物理没学好是你缺少对它关注，缺少对它用功的结果，是你对它没有了要求，放任自流，这个结果是你的原因造成的，即使你有很令人骄傲的语文成绩，也不能否认这个事实！还是放弃这种想法吧！

## ↘ B 立即寻找弱势原因，马上解决问题

一直被人称为"小作家"的你因为物理成绩受到了很大的刺激，你觉得太没面子了，为什么物理会糟糕到年级倒数呢？你也很想把物理学好，可是你真的努力了，想到总成绩排名因为物理拉了后腿，你懊恼死了，于是你赶紧找出问题的原因，加长对物理的学习时间，抛开一切幻想以后的你会是什么样子，马上行动起来！

## ↘ C 更加积极地学习弱势科目

你是个非常要强的孩子,怎么能容忍物理拖你的后腿呢?你认为自己既然可以把语文学得很好,物理就没有理由学不好。于是你决定积极迎接物理的挑战,将弱势科目变成自己的强项。亲爱的,你的自信和勇气真的很令人佩服,相信你这样的良好心态会给后面的学习奠定很好的基础。当然在开始的时候可能会遇到小挫折,但是千万不要气馁,坚持下去,一定会取得进步!

### 悄悄话

亲爱的女孩，我知道偏科是和喜好有一定的关系。目前的情况，不妨找找不喜欢学习某些科目的原因，然后每天给自己一点时间去发现并解决一些弱科的难题，为此要多付出一些耐心哦！过不了多久，你会发现其实这个科目也没什么好难的，只不过是一个假想的老虎罢了，一天解决几个小问题而已！就当它是弱势群体，需要你更多的关怀吧！这个方法是非常有效的，不妨试一试哦！

更好的方法

## 3  同学说你是老师的"马屁精"

品学兼优的你十分讨老师欢心,于是老师什么事都愿意让你帮忙,收发作业、看管考场纪律、汇报班级学习情况等等,你为老师能那么信任你而自豪。可是这个时候你却发现班里很多同学开始对你指指点点,甚至背地里叫你"马屁精",你觉得委屈极了。

这时,你会怎么做呢?

## ↘ A 向老师告状坐在角落里

倍感委屈的你此时心里很不平衡，你想他们肯定是嫉妒你，或者对你有误会。总之不管怎样，他们的行为让你很难接受，于是你决定找老师告状，让老师为你主持公道。然而事后你会发现，他们说你"马屁精"的行为愈演愈烈了，甚至你开始怀疑自己真的是"马屁精"？

## ↘ B 和他们谈一谈

"马屁精"这个称呼让你心里很失落，你想肯定是你的某个行为让他们误会你了。于是你决定在误会加深之前，赶紧找机会向同学们解释一下，和他们谈一谈。然而事情可能没有你想的那么顺利，也许有几个同学表示了对你的理解，并表明会改变对你的看法，可是大部分同学的观点你依然丝毫不能改变。

↘ **C** 一笑置之，不理会他们

你不是很在意别人对你的看法，因为你明白不能让每个人都喜欢你，你只是要求自己做到问心无愧就好了。于是你一笑了之，不理睬一些同学对你的误会。可是亲爱的女孩，也许你的不理睬会带来更严重的后果，他们甚至会认为你很清高，所以如果你决定一笑了之的话，请记得要和你的同学保持正常的接触，而不是自此一笑了之形同陌路啊！

### 悄悄话

虽然"沉默是金",可是也要看沉默的立场。其实C的做法从心态上讲是很好的,可是也要根据你在班级里的情况而定。如果你平时是个很爱和同学打交道的人,你完全可以不用理睬,照旧和同学们说笑,这样的你真的很宽容大度呢,慢慢地同学们也会理解你。可如果你是一个不爱和同学接触的人,不妨像B学习,说出来让别人了解你,而不是误会你装清高。误会的根源就在于不了解,所以平时还是多多和同学接触,让他们了解你吧!

更好的方法

## 4 如何对付根本不存在的谣言

你之前最好的朋友在你们争吵后四处散布你的坏话,说你是个自私虚荣的女孩。其实这根本不是事实!但是当你走进校园的时候,总能听到有人对你指指点点地说:"看,这就是那个自私的女孩。"这样的话语深深地伤害了你。

这时,你会怎么做呢?

## ↘ A 气愤地找她算账

原本平静的生活突然被谣言打破了，最可恶的是那么多人不明是非的指指点点，于是气愤的你决定找到她，让她跟你说清楚并为你澄清。你还警告她如果不能收回谣言，那么你就会"以牙还牙"到处散布她的谣言。可是亲爱的，何苦因为别人的错误而让自己犯错呢？找她吵一架就能让听到谣言的人改变对你的看法吗？事实上不是这样的，他们反而会因为你的争吵加深对你的误会。

## ↘ B 告诉其他朋友，请他们帮你澄清

此时的你非常气愤委屈，那么多人误会你不是好女孩让你觉得很丢人，你甚至走在校园里都无法抬起头来，于是你只能求助于你的好朋友，请他们帮你澄清。这样做真的能起到作用吗？难道好朋友帮你澄清你是个好女孩其他人就会信吗？小心越描越黑，弄巧成拙，而且如果你不能因此开心，那也没有什么意义。

↘ **C** 根本不放在心上，让谣言自然淡化

你是个坦荡的女孩，你甚至觉得那些传播谣言的人很无聊。所以你根本没把这件事放在心上，当那些传播谣言的人在谈论你的是是非非，甚至还煞费苦心地琢磨研究时，你却在认真学习或者快乐地玩耍。你真是个聪明的女孩，俗话说，谣言止于智者，你的快乐、自信、坦诚、宽容待人就是给那些误会你的人最好的答复。

### 悄悄话

　　亲爱的女孩，在这里我们不妨向 C 学习，面对谣言不必放在心上，让一切流言蜚语都自行消失吧，所有不真实的东西在阳光下都会无处遁形。"清者自清"做好自己，问心无愧就好了！亲爱的请你记住，当面对误会时，如果你能找到很好的澄清方式那最好不过，可如果你没有把握避免"越描越黑"时还是洒脱一点向 C 学习吧，用最真实、最自信的自己将谎言和误会一一击破！

更好的方法

## 5 她要求抄你的答案该怎么办

每次考试的时候,你的同学总是要求你给他抄答案。在你身后坐着的女孩总会探头探脑,伸着脖子偷看你的试卷。你觉得她是在窃取你的劳动成果,并且让你感到十分的厌恶和困扰,怎样才能制止她继续这样呢?

这时,你会怎么做呢?

学校篇 小"社会"大生活

## ↘ A 向老师告状

此时的你觉得实在忍受不了她的行为,平常不用功,考试却用这种方式来提高成绩,认为她应该受到惩罚,于是你找到老师把她的抄袭行为一五一十地讲了出来。

## ↘ B 警告她不要再抄袭你的答案

她这样抄袭你的答案严重影响了你的心情,以至于你无法正常考试。所以你直接告诉她以后不要再这么做了,抄袭是很可耻的行为,你不希望她是这样的人。当你想要向她表明你的态度时,也要用温和诚恳的语气,并告诉她希望她下次能靠自己的努力完成考试。

↘ **C 拒绝她的行为 帮助她学习**

　　你是个善解人意的孩子，你明白她是因为不会做才抄袭的。于是在课后你主动找到她，并承诺可以为她讲解习题，告诉她以后不要抄袭了，你相信她凭借自己的能力照样能考得很好。相信她从此以后再也不好意思抄袭答案了，而且还增加了她的学习信心，你也多了一个好朋友！

### 悄悄话

抄袭的确是不对的。对待抄袭的要求时，你的态度一定要坚决"拒绝"！这是原则问题，没有商量的余地。考试是为了检验平时的学习情况，不作弊对于抄与被抄的同学来说都是好事。同学关系是建立在友好团结的基础上，而不是依靠考试时的"照顾"维持的。这种同学关系是不道德的，是不值得提倡的。告诉同学考试是为了检验平时的学习情况，名次排名并不重要，重要的是遵守考场纪律，通过考试了解自己的真实成绩，然后查缺补漏努力提高，这才是考试的真正目的。

更好的方法

## 6 学校公共浴室带来的烦恼

体育课后的你大汗淋漓，下课后的第一件事就是和班里其他女生去公共浴室冲澡，你十分为难，因为从小到大都只有妈妈陪你洗澡。你难以想象让别人看着你换衣服、淋浴会是什么样子，这让你非常难为情，你心里别扭极了，你根本没有办法这样做。

这时，你会怎么做呢？

## ↘ A 忍着回家洗

当你走进公共浴室，看到那么多女孩嬉笑打闹着脱掉衣服洗澡的时候，你简直不敢睁开自己的眼睛，于是你赶紧跑出来并发誓再也不踏进去半步。所以每次体育课后你只能忍着满身的汗味，等回家后再痛痛快快地洗干净。然而这样你会非常难受，你忍受不了自己的怪味道，别人当然也受不了，这只会让你更不安心！是呀！谁愿和一个不洗澡怪味四溢的人做朋友呢？

## ↘ B 请朋友帮忙

平日里你就很擅长出各种小点子，当然在这件事情上你也不会"袖手旁观"。于是你找来几个朋友，并约定以后一起洗澡、互相帮助。你们找来几块浴巾搭成临时的更衣室，既解决了尴尬问题，又觉得很有意思。

↘ C 习惯它

虽然你对这种洗澡方式非常不适应,可是你还是试着去接受了,因为环境不是为你一个人而存在的,每个人都要培养面对不同环境的适应能力。于是一个星期后你就能很轻松地和女孩们一起洗澡了,并且你发现和这么多女孩一起洗澡是件很开心的事,你们说笑打闹,一起谈天说地,一下子多了不少好朋友呢!

### 悄悄话

亲爱的女孩,慢慢地你会发现很多事情不再单纯的是你喜不喜欢,而会涉及人际关系的交往等。所以当我们的某种习惯受到挑战的时候,要尝试用大家都能接受的方式处理,这里 B 和 C 的做法就很好,既团结了同学,不至于让自己脱离集体,又解决了自身尴尬问题。人本身就是社会动物,很多事要学会融入群体就能轻松应对了。

更好的方法

## 7 迟到被抓怎么办

每天早上起床对你而言实在像一次挑战,你真想窝在被子里再美美地多待几分钟,所以即使你设置了好几个闹钟也无济于事。迟到成了你的家常便饭。可是学校的教导主任总会站在校门口抓迟到的学生,而你已经成了他"黑名单"上的常客了,并且他警告你如果再迟到你将会受到处分。可是,有一天你迟到时又被教导主任发现了……

这时,你会怎么做呢?

## ↘ A 寻找新的借口为自己辩解

你再次被教导主任抓住，又恼又气，你甚至还会在心里怨恨为什么教导主任总是那么烦，总是能抓住你。可是此时除了赶紧想出全新的借口让他放过自己，你没有别的出路。于是你只能绞尽脑汁寻找借口，当然不能再用之前用过的了。亲爱的女孩，不管你怎样生气，怎样恼火，请你明白一点，犯错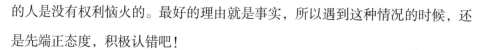
的人是没有权利恼火的。最好的理由就是事实，所以遇到这种情况的时候，还是先端正态度，积极认错吧！

## ↘ B 主动承认错误，以期得到原谅

虽然你经常迟到，可是你并不想给自己找太多借口逃避责罚，错了就是错了，于是你主动向教导主任承认错误，诚恳地请求他的原谅。你真是个坦率的女孩，很少能有女孩像你这样敢于直面自己的错误，不过你要明白，迟到最直接的受害人是你自己，当别人已经做好准备投入到一天的学习中时，你还在因为迟到接受老师的教导。所以努力早起吧，做个有时间观念的人，慢慢地你会喜欢上不迟到的感觉哦！

↘ **C** 默默接受批评,并下定决心再也不迟到了

当教导老师再次抓住你的时候,你已经不想再做任何解释,你为自己迟到的行为感到羞愧,并暗下决心以后一定不再迟到。你明白你已经养成了迟到的陋习,你也已经意识到了迟到的危害,所以就让教导主任的训斥来的猛烈一些吧!就当是给自己敲响的最后警钟。

### 悄悄话

亲爱的女孩，做错事的时候还是不要做任何辩解了，因为一切理由都是借口，大人们会很轻松看穿你的小把戏的。与其绞尽脑汁找借口，不如欣然诚恳地认错，请求原谅。迟到真的不是一件光彩的事，这不仅证明了你是个没有时间观念的孩子，还会让人觉得你扰乱了课堂秩序，长此以往同学们也会对你有意见的。所以如果你也是个喜欢迟到的孩子，不妨向C学习，默默下定决心改掉不良习惯吧！

更好的方法

# 8 上中学前的那些恐慌

九月份，你就要开始全新的中学生活了。你很担心！你担心第一天找不到教室而迟到，你担心交不到新朋友，你担心新老师是否喜欢你，你担心成绩不够优秀。虽说面对新环境有点忐忑是在所难免的，可你实在很担心在新同学面前出丑，你希望自己表现得完美。

这时，你会怎么做呢？

学校篇 小"社会"大生活

### ↘ A 跟着人流走,即使真的犯错也不要太在乎

进入新环境的你虽然也会紧张,可是这丝毫不影响你的兴奋感,你把开学第一天当做探险,看到什么都觉得新鲜,走错路也不怕,因为你觉得这样反而能看到校园更多的风景。实在找不到就跟着人流走,即使真的出了错也没什么,一切才刚刚开始,错误越多你就越能发现自己的问题,这样你才能进步得更快!

### ↘ B 找朋友一起去学校,互相帮助

你习惯了什么事都有朋友陪着,有时觉得朋友不在身边都不知道自己该怎么走路,该做什么。于是你赶忙和朋友约定开学的时候要一起去学校报到。这样即使你找不到也不会着急害怕,因为有朋友在身边就觉得踏实了。可是亲爱的,你要明白的是升入中学,你就是大孩子了,遇到事情要学会自己面对,不是什么事都会有朋友陪着你的,为何不把开学第一天当做自己独立的开始,给自己一个全新的尝试呢?

## ↘ C 提前参观学校并做好计划

　　你处于过多的担心中,于是你决定付出行动打消自己的顾虑。你提前去新学校参观,并熟悉路线,熟悉每一座教学楼,并向学校老师请教新升学班级的安排情况。你还提前在假期中安排了课程,找来将要学习的课本自学,等到开学的时候你就能顺利给老师留下好印象了。

## 悄悄话

亲爱的女孩，当我们将要进入一个全新的环境时都会有恐惧心理，担心自己出错，担心自己不够优秀，可是我要告诉你，千里之行始于足下。只要你勇敢地迈出第一步，以后就会越来越好。当然我们也很希望你能尽快学会独立，独立面对生活、适应环境变化，自主地处理一些事情，所以多多向 C 学习吧，换一种积极的心态，事情反而会变得很有趣，很轻松。

更好的方法

现在，女孩们，来看看你的答案！

选A的有＿＿＿　选B的有＿＿＿　选C的有＿＿＿

## ↘ A 校园里的小刺猬

你是这样的女孩——你积极活泼且充满勇气，当你面对问题时，你能很快找出解决方案。可是事实证明，你的方案并不是那么成功，因为很多事你总是头脑一热就做了。你常常会忘记考虑周围人的感受，让自己像只乱扎人的小刺猬，所以不知不觉中失去了很多朋友。

你似乎不是那么喜欢团队合作，你总是试图一个人做完所有的事，或者你的某些小性格使你不屑于融入集体，所以缺乏团队意识的你一定要记得多多和朋友交流，他们会帮你把任务完成的更加完美。在和同学的交往过程中，还是暂时放下你的那些小性格吧，它只会让你失去更多的朋友。亲爱的你要记住，待人和善、处理好在班里的人际关系是十分重要的。

## ↘ B "外交"小专家

你是这样的女孩——你的身边永远要有朋友的陪伴，友谊是你最在乎的事情，你差不多把所有空闲的时间都花在维持友谊上。你就像一个"外交"小专家一样，有很多朋友。当你遇到问题时，你会在第一时间想到朋友，你总是会请朋友帮你解决问题。亲爱的女孩，你完全有能力靠自己把问题解决好，可是你总是忽视自身优势。

对朋友的依赖会使你在很多问题上不能拿出自己的意见，不能独立自主。希望你能够相信自己，给自己更多独立的机会。

## ↘ C 淡定从容的"小女王"

你是这样的女孩——你好像生活在与众不同的轻松节奏上，因为你总能从容淡定地面对所有事情。你从不担心学校里的流言蜚语，仿佛一切都与你无关。不仅如此，很多令别人焦头烂额的事情，在你这里都能得到完美的处理，你从来不让坏情绪钻空子，所以当别的同学为同一件事情苦恼的时候，你已经制定出了切实可行的计划。

可是，也许是你太过于"放松"，很多事情都不放在心上，所以导致你遇到事情的时候很少发表自己的意见和立场，当别人对你产生误会时你甚至不会辩解，所以亲爱的女孩，还是要适当学会表达自己的观点和建议，"潇洒"并不是任何时候都能给你带来轻松的结局。

如果你有2个或3个选项一样多，嗯，你真是一个出色的女孩，你能够很好的平衡学校生活中的各种问题，来为自己鼓掌吧！

关于家庭中更多的烦恼问题，记下来寄给我们，会收到意想不到的礼物哦！

## 压力篇

# 越拍越高的篮球

亲爱的女孩，在开始这一章节的探索之前，请思考一下，篮球怎样才能弹起来？它除了必须打足气之外，还需要什么？相信聪明的你肯定能马上给出答案——用力地把篮球砸到地上或者用手拍。没错，可是你想过没有，不管我们用什么方式让篮球弹起来，其实就是给篮球压力。那么请再思考一下，那些篮球明星是怎样把篮球玩得得心应手的呢？原因很简单，就是给篮球适当的压力，想要弹得高，压力就大一些；想要弹得低，压力就小一些。

由此看来，压力还真是有意思的东西。俗话说"井无压力不出油，人无压力轻飘飘"，所以，压力是一个在我们成长路上极为重要的东西。

在现实生活中，我们常常像一个被动的篮球，来自内部的压力和外部的压力同时作用于我们，让我们晕头转向。对于这个问题，我想你肯定深有感触。可是不要怕，下面的内容将会告诉你如何让自己转变身份，完美协调内部压力和外部压力，成为一名高级球手，也让自己这个篮球弹出优美的弧线。

# 1 考试前的"焦虑症"

马上要考试了,你紧张得简直是坐立不安。虽然你每天上课都认真听讲,课后认真完成作业,为了考试也做了很多的复习工作,可是你仍然很畏惧。这种畏惧甚至影响到了你的身体,出现注意力不集中、头疼、失眠的症状。你很害怕,如果到了考场上大脑一片空白怎么办?随着考试时间的临近,你的紧张情绪也在加剧,你甚至开始考虑装病不去参加考试会有什么后果。

这时,你会怎么做呢?

## A 装病逃避考试

考试带来的强大压力已经让你身心俱疲,你不想看到自己糟糕的成绩,你怕自己这些天的努力学习毫无效果,于是你选择了装病不去参加考试。其实越是这样,你就越难从对考试的恐惧中挣脱出来。如果你养成了逃避的习惯,那么你以后遇到任何问题都会自然地采取逃避态度了。逃避将会给你的人生带来很恐怖的后果。其实考试不过是对自己一个阶段学习的检验,放平心态,勇敢面对,相信努力就会有回报。好的应试心态才能帮助你更好地发挥。

↘ **B** 给自己减压，积极应试

虽然很多人给你讲道理，告诉你这只不过是一场考试，可是你仍旧不能消除自己的恐惧和不良反应。其实只要你重新调整期待水平，不给自己过高的心理压力就行了。你明白了一次的考试成绩根本不能代表你的能力，如此紧张毫无必要。于是你给自己成功减压，积极地面对这次考试，并决定一定要仔细找出这次考试的不足，为接下来的学习总结经验。你真是一个聪明且坚强的女孩，你懂得如何调整自己，如何让自己从情绪和压力的泥潭中挣脱出来，战胜恐惧心理反败为胜，这场心理战役你打得真漂亮！

## ↘ C 给自己定新的标准

哈哈，又考试了，这次你会发现什么新问题呢？你非常喜欢用考试和平常小测验去发现你不会的问题，它就像你总能发现新大陆一样让你开心。不是吗？亲爱的女孩！在学生时期重要的是学习，如果没有发现新问题是不可能进步的！你是这样想的！没有什么比带着轻松的心情上阵更能充分发挥自己的能力！每一次新的考试就是一场新的挑战，撕掉昨天的日历，开始准备新一轮的考试，已经迈出九十九步了，还怕最后一步吗？既然已经坐到考场上了，为什么不把握机会好好证明一下自己呢？

### 悄悄话

　　青春期的女孩就是这样可爱，倔强好强又脆弱。什么道理都懂可是又无法摆脱自己的小情绪。在这里我想和大家说的是，每个人的成长和进步都是在发现问题中开始的，你知道吗？一个人的成功取决于他遇到困难时解决问题的能力！仅此而已！在这里建议向 B 和 C 学习，正确看待问题积极应对。没有什么比保持乐观向上的心态更加重要了，对于学习要开心发现问题，及时解决问题！这样就不会在考试前由于过高的期望而给自己增加无谓的负担。一定要记住，只要每次都能发现问题，并一道道攻破，你就是最棒的。一次的成绩不代表你的能力！

更好的方法

## ② 学习成绩突然滑坡，让你不知所措

最近你的学习成绩遭遇了严重的滑铁卢，即使你很认真地听讲、记笔记、复习功课，可是成绩丝毫不见提高，你甚至怀疑是不是自己的脑袋出现了问题，或者是变笨了！你不知道情况为什么会突然那么糟糕，你沮丧极了。

## ↘ A 觉得自己太笨了

你难以想象自己的成绩会突然那么糟糕，屡次受到打击后，你一蹶不振，觉得自己一点希望都没有了。亲爱的，我不得不告诉你，这样是情商低下的表现，一个情商高的人会积极乐观，有毅力有自信，并敢于坚持。相信自己吧，既然你之前可以那么优秀，就说明你一点都不笨，荡入低谷才能让自己积蓄力量飞得更高啊！

## ↘ B 学习方法出现了问题，及时寻求帮助

你是个很有自信的女孩，你相信自己会继续优秀，只是目前可能学习方法上出现了问题。只要把它攻克掉，一切都会好起来的。于是你找到老师、朋友或者父母，请他们帮忙分析你学习中遇到的瓶颈，找出成绩滑坡的根源。亲爱的女孩，你真聪明，你明白对症下药才能药到病除！

↘ **C 重新规划，制定新的目标**

　　此时的你端正了态度，决定直面自己的落后，重新制定目标，自己和自己比。当然这需要很大的勇气，忘掉自己之前的优秀，直面自己的落后。你是个踏实勤奋的女孩，每次和自己比，每次考试都进步一点，相信不久后你就会战胜学习的低谷期，重新回归优秀的行列。不过亲爱的，这也许是个漫长的过程，一定要准备好十足的耐心和勇气！

**悄悄话**

在这里不妨让我们向B和C学习。不要忽视心灵激励的力量，它真的很神奇！当你心里认定自己很优秀的时候，你真的会越来越优秀。塞翁失马焉知非福，很多事情有很多的变化，不到最后一刻谁都不知道结果。所以亲爱的女孩，千万不要妄自菲薄。记住，一时的落后只是在为下次的奋起直追积蓄力量，让自己在每一次的历炼中成为一个高情商的女孩吧。

更好的方法

## ③ 新环境让你不再优秀

由于升学或者转校你来到一个全新的环境，也认识了很多新朋友。你觉得她们都优秀极了：有的同学口才特别棒；有的同学已经是发表几篇文章的小作家了；有的同学钢琴已过八级；有的同学能歌善舞……而你却一点特长都没有，更糟糕的是第一次考试，你的成绩滑到了中游，你再也不是之前的那个"天之骄女"了。在她们面前，你觉得自己像只丑小鸭，心里沉甸甸的，巨大的压力让你几乎喘不过气来。

## ↘ A 难以承受压力 一蹶不振

你觉得自己彻底被打败了，一想到该如何面对以前同学的关心，父母的质问，甚至以前优秀的自己，你就懊恼极了。你不会钢琴，没有那么好的口才，此时的你处处觉得不如人，自己简直糟糕透了，于是你难以承受压力，一蹶不振，成绩更是一落千丈。

## ↘ B 多多向优秀的同学学习

你是个不服输的女孩，你看到自己目前的状况决定向优秀的同学虚心学习。通过你的仔细观察发现，他们那些令你羡慕的特长也许一时做不到，但是凭借自己原有的良好基础，假以时日一样可以做到。你处处请教，留心学习，变弱项为强项。当然这是你给自己的巨大挑战，一定要有持之以恒的精神啊！

## ↘ C 重新定位，发掘自身闪光点

　　此时的你意识到，新的环境里高手云集，现在的成绩是很正常的表现，并不是你的成绩滑落了，而是俗话说的"山外有山，人外有人"。你为自己在这样的集体中而感到欣喜自豪，因为你可以从这些优秀的同学身上发现自己的弱势。于是你不再羡慕他们那些特长，而是重新打量自己，发掘自身优点，有目标有阶段地培养自己独特的优势。学习方面你踏实勤奋，取长补短，很快摸索到一套自己的学习方法，成功摆脱丑小鸭，重新树立骄傲和自信。

### 悄悄话

亲爱的女孩,不管你的选择是什么,我都不希望看到你像A那样随便否定自己,放弃自己。遇到对手的时候最可怕的不是输掉,而是不知道自己为什么输,最悲哀的不是不知道自己为什么输,而是从此穿上失败者的外衣不肯再脱下来。所以无论什么时候,只要你不向失败低头,你就是成功的,因为你有勇气重新走回到通往成功的道路上。请你记住,天外有天,如果你总是拿自己去和很多人比的话,你当然不能以一敌百。发现自身优点并保持下去,自己和自己比,并努力成为自己心目中优秀的样子吧。

更好的方法

**无尽的担忧，让你很焦虑**

你总是担忧很多事情，明天会不会迟到、皮肤会不会变糟糕、莉莉今天肯定又生你的气了，于是你每天都忧心忡忡。父母安慰你说："别再担心了，一切都会好起来的。"好朋友告诉你："别为任何事操心，顺其自然就好。"但是你仍然处于无尽的担忧中，你甚至觉得没有人能帮助你。

## A 无法停止担忧甚至开始焦虑

越来越多的担心让你心情烦躁，什么事都做不下去，于是你陷入了无休止的焦虑之中。

亲爱的，女孩在青春期有心理和情绪上的波动很正常，但是这样没有自控力地任其发展就不好了。与其为必将发生或正在发生的事情苦恼，不如积极乐观地寻求方法将问题一一解决掉！记住，任何时候都不要做情绪的奴隶，你完全有能力控制自己的情绪甚至大脑。

## B 想办法让担忧"挥发掉"

你终于下定决心要摆脱担忧的纠缠了，于是你决定采取行动，让担忧"挥发掉"。你找来朋友聊天，把你的不良情绪和所有的担心统统发泄出来，也许朋友简单的几句话就能让你茅塞顿开。或者你找来笔记本，把所有的担心都记录下来，几天后再看自己的记录，你终于明白了自己的担心是多么的可笑。又或者你在记录的过程中不断地自我安慰、自我开解，于是你很快找到了解除担心的突破口，开心起来。

↘ **C 与其担忧不如去做有意义的事情**

你突然发现无休止的担忧只能让你浪费时间,你认为与其担心不如去做些有意义的事,于是你很快转移了注意力,从担忧中成功跳脱。亲爱的女孩你实在太聪明了,你不仅摆脱了担忧,还完成了很多事情,真是一举多得!

**悄悄话**

　　亲爱的女孩，B 和 C 的做法都值得你学习。B 的做法很直接，C 的做法很聪明。B 通过和朋友交流，不仅拉近了和朋友的距离，还减轻了担忧，当然如果这样做对你没有作用，那你就要开动脑筋寻找对你有效的方法了。而 C 是采用了转移注意力的办法，其实很多时候我们之所以陷入担忧，正是因为我们太过在意。是让自己陷入无休止的幻想和担忧的纠缠中，还是把担忧的时间充分利用去做有意义的事，我想每个女孩都会做出正确的选择。

更好的方法

## 5 和同学比你总觉得自己像个丑小鸭

你的朋友们经常打扮得花枝招展来上学,有些人的衣服还是名牌呢!可你的妈妈却认为衣服干净整洁就好了,她怎么也不肯拿钱给你买你喜欢的衣服。你觉得自己实在太普通了,你多么希望像别的女孩一样穿上漂亮的衣服让自己出众一些。看着那些女孩儿骄傲地在校园里走来走去,你觉得自己像个丑小鸭!

## ↘ A 失去自信,每天闷闷不乐

喜欢的衣服妈妈不给买,校园里花枝招展的女孩让你觉得自己更抬不起头了,于是你丧失了自信,甚至不喜欢和同学接触,每天都闷闷不乐的。情绪失落的你做什么都提不起精神,甚至上课、考试你都无法集中精力。可是亲爱的,你知道这样的行为会导致什么样的后果吗?你会脱离

集体,疏远你的朋友,最严重的是你的学习受到了影响变得很糟糕。因为几件衣服让自己失去那么多,你觉得值得吗?抬起头来看看身边的人,很多女孩没有漂亮衣服一样很漂亮啊!

## ↘ B 一定要想办法买到漂亮衣服

你没有办法说服妈妈给你买你喜欢的衣服,于是你只能把零花钱存起来,这样就能自由地买你喜欢的衣服了。这真是一个聪明的孩子,通过自己的努力买到喜欢的东西真是一件让人激动的事啊!慢慢你也会体会到赚钱的不容易,

这样就更加体贴父母啦!不过在此还要提醒可爱的女孩们,一定要通过自己的努力存钱买衣服,不可以为了买衣服到处欠债哦!

## ↘ C 自信的我也很美

虽然你会因为外表的普通有些小情绪，可是你很快就调整过来，你明白只要内心美，积极进取照样会很漂亮，照样会有很多人喜欢你。难道没有好看的衣服自己就是丑小鸭吗？你才不会这么认为。你拥有原本就很令人羡慕的青春，你拥有满满的自信，你拥有一颗善良的心和高尚的品德，看！这么多珍贵的东西难道不比漂亮衣服更有意义和价值吗？

### 悄悄话

女孩爱美是天性。青春期的你开始注意自己的外表，希望自己漂亮，在乎别人看你的眼光，这都很正常，所以此时的你不必因为自己对外表的过度关注而苦恼。在这个问题上 B 和 C 就做得很好。B 用自己的零花钱去满足自己对衣服的需求，不仅不会增加家里的经济负担，还能让自己养成存款的好习惯。C 意识到外表美只是一时，只有心灵美，自信美，才能真正成为一个活得漂亮的人。其实丑和美的定义不是一件漂亮衣服就能决定。你就是你，每个人都是一道独特的风景线，做喜欢的自己就好了。要知道，每个人都是地球上的六十一亿分之一，每个人都是独一无二的存在。

更好的方法

压力篇 越拍越高的篮球

## 6 巨"痘"的压力让你抬不起头

几天前,你的鼻子上起了个巨大的痘痘,十分显眼。学校里遇到的每个人都会盯着你看,好像在看怪物一样。你为此每天都非常认真地洗脸,也尝试了好多种祛除痘痘的方法,可是都无济于事。你不知道什么时候才能摆脱这尴尬的局面。

这时,你会怎么做呢?

## A 自信心大受打击

为什么痘痘会长在你的脸上,为什么偏偏长在鼻子上?此时的你苦恼极了,你简直不敢抬起头走路,你怕所有的人都盯着你的痘痘,并取笑它。亲爱的女孩,很多人在你这个时候都曾经为了痘痘而苦恼,甚至有的人和你的选择一样,自信心大受打击,不敢抬头走路。可是我要告诉你,后来那些人都后悔了,因为痘痘是青春的美丽印记,为了一个小小的痘痘而让自己垂头丧气,荒废了青春的美好,不是得不偿失吗?

## B 为"除痘"四处"取经"

你真是个有毅力的孩子,你相信这世界上没有什么是不能解决的,你一定能找到方法消灭痘痘。于是你到处找朋友,找长辈寻求除痘的"真经"。亲爱的女孩,我要告诉你,除痘虽然重要,可是也不能牵扯太多精力,毕竟这个时候学习才是最重要的。很多除痘用品都是一时起效,还是请妈妈出山,为你准备科学的除痘大餐吧!

↘ **C** 没什么大不了，痘痘会自己消失的

　　你非常乐观且镇定，一个小小的痘痘并没有影响到你的情绪。你觉得这没什么大不了，痘痘会自己消失的。首先恭喜你能如此乐观镇定地面对痘痘的挑战，这样积极乐观的心态也是很多女孩需要学习的哦！不过亲爱的，不要小看敌人，还是适当地给痘痘以还击吧，来确保痘痘退去之后你的皮肤依旧光滑。不必觉得麻烦，这是青春的必经阶段啊！

**悄悄话**

　　青春痘是青春的象征，也是花季时代特有的标志。长几颗青春痘，有什么大不了？要知道，美国前国务卿希拉里小时候也有青春痘呢！其实，只要你调整好饮食，补充睡眠，就能有效减轻痘痘症状。当然，最重要就是保持C那样积极乐观的态度，不要太把痘痘当回事，影响了自己的心情就太不值了。只要做到正确的护理，用不了多久，痘痘就会知趣地主动消失。

更好的方法

压力篇　越拍越高的篮球

#  拖拖拉拉的毛病，怎样改

你是一个聪明的女孩儿，但每当面对家庭作业时你就提不起精神，拖拖拉拉不愿意做。所以你不得不在第二天早早冲到学校补作业。长此以往你觉得自己太糟糕了，似乎学习生活乱得一塌糊涂，让你非常苦恼。

这时，你会怎么做呢？

### ↘ A 我行我素,觉得无关紧要

你认为每天晚上按时完成作业对你来说简直是天大的挑战。你宁愿每天早起跑去学校补作业,也不愿意晚上趴在作业本上犯愁。于是你决定我行我素,享受自己的拖拖拉拉。可是亲爱的我要告诉你,长此以往就会养成懒惰的习惯,做作业不积极主动,慢慢地也会在学习方面非常懈怠,让你对学习失去兴趣,成绩也会一落千丈,这是多么可怕的事情啊!

### ↘ B 找一个学习搭档共同做功课

你明白之所以你总是拖拖拉拉,就是因为没有时间观念,并且每次写作业的时候都很消极,你总是想如果没有家庭作业那该多好啊。于是你对症下药,找来一个平时作业做得很好的同学和你组成学习小组,你们一起写作业,一起讨论习题,互相督促,不仅能很快地完成作业,学习成绩也有了很大的提高,真是让人高兴的事。

↘ **C** 制定时间表,并严格执行

　　你深刻地意识到自己拖拖拉拉的严重后果,于是你给自己制定时间表,并严格按照时间表执行。可能开始的时候你发现,时间表对你并不能发挥太大作用,因为你做起事情来还是慢吞吞的不能提高效率,可是亲爱的你要明白"滴水石穿"的道理,只要严格要求自己,不放松不懈怠,慢慢地你就能看见自己有了很大的进步,加油哦!

### 悄悄话

青春期的女孩开朗活泼,但是缺乏自制力。所以很多时候你都不能很好地要求自己,即使制定了计划你也可以找各种理由拒绝完成任务。可是我要告诉你,自制力对你未来的发展将会有很大的影响,一个连自己都管不住的人还能做什么呢?家庭作业是每个学生都不能逃避的,既然全世界的孩子都要做作业,就说明它对你的学习有着很重要的作用,与其拖拖拉拉、消极糊弄,不如积极应战、速战速决。像B和C的处理就很好,她们能及时发现自己的问题,并下定决心改掉自己的坏习惯,你准备好了吗?

更好的方法

**现在，女孩们，来看看你的答案！**

选A的有____ 选B的有____ 选C的有____

## ↘ A 严重泄气的小篮球

你是这样的女孩——心思细腻，敏感脆弱，遇到问题和压力时就像一个严重泄气的小篮球。其实你知道吗，原本你可以做一个底气十足的篮球，可是当你遇到外界压力时，你就开始害怕弹起来的疼痛，于是恐慌让你自动泄气。你就是这样，宁愿每天消沉，也不敢鼓起勇气迎接外力的考验。当压力使你感到紧张时，你总是倾向于自己扛着，直至压力把你压垮。

亲爱的女孩，你最大的敌人就是你的不自信。可是你要明白，只有经历风雨才能看到雨后的天空有多么澄澈，只有让自己敢于直面压力的挑战才能知道你究竟有多优秀。所以不要泄气，鼓起勇气努力弹出属于你的高度和弧线吧！亲爱的，我还要告诉你，君子性非异也，善假于物也。所以当你难以承受巨大的压力时，不要自己勉强扛着，你完全可以向别人寻求指导或者帮助，多和别人沟通，你肯定能获得平衡任何压力的秘诀！

## ↘ B 善于借助外力的聪明篮球

你是这样的女孩——当你处在压力下时，你会首先想到向朋友们求助，通过他们的力量帮助自己渡过难关。如果做一个比喻，那么你就是一个善于借助外力的聪明篮球。你有很强的沟通能力，并且是一个很好的倾听者，因为能够帮助朋友保守秘密，所以当你需要时就会很轻松地找到朋友帮助你。这种感觉对你来讲很美妙，你也为自己拥有那么多的朋友而骄傲。

可是亲爱的女孩请记住：不是任何事都要讲给朋友听，不要任何事都求助于人，即使你有很多能够帮助你的朋友，也要尝试自己去解决问题，你才能真正地成长，不是吗？

## ↘ C 越拍越高的优秀球手

你是这样的女孩——积极，乐观，就像一个把篮球越拍越高的优秀球手。你是那种会为半杯水而欢呼的人。你的乐观也让你能轻松地面对各种各样的压力，并且处理得很好。你很理智，也总能很快做出自己正确的判断，来决定你下一步的行动。可是当朋友遭遇烦恼需要帮助时，你只是把她从烦恼中引开，而不是帮助她把烦恼的根源解决掉。你不会把事情放在心上，总是一副"无所谓"的架势，这让你成了一个能开得起痘痘玩笑的人，即使这个痘痘长在自己脸上！

可是亲爱的女孩，你的乐观和"无所谓"有时会让朋友觉得你根本不在乎她，因为有时他们需要的是实实在在的意见，而不是和你嘻嘻哈哈。所以还是尝试拿出自己的意见，实实在在去解决一些问题吧！如果你能用自己的乐观和理智去帮助身边的朋友，相信你们会有更多的收获。

如果你有2个或3个选项一样多，哈，你是个很棒的执行者，你能合理协调自己的内在和外在压力，长大后一定非常成功哦！

## 决定篇

# 向左还是向右

青春期就像潘多拉的盒子,美丽且麻烦。可爱的女孩们终于有了自己的大衣柜,终于可以跟妈妈出去挑选自己喜欢的衣服了。可是事情并不是我们想得那么简单,这个时候你会发现决定买哪件衣服,决定明天穿什么出门,每天大大小小需要你自己去决定的事真是让你头疼。你会慢慢发现,无论怎么决定,似乎都不够完美,可是,你必须给出最后的选择,说出你的决定。

亲爱的女孩,其实你根本不必为做决定而苦恼,也不必因为没有把握的决定而心神不宁,其实做决定,没有你想的那么困难,只要确切地知道自己需要什么、你应该怎样就可以了。

翻开下面的文章,你会找到答案……

# 1 好朋友让你左右为难怎么办

你最好的朋友让你去做某些事情。当你告诉她，父母不允许你去做这样的事情时，她却说："他们不会知道的。"或是"我猜我对你没那么重要，所以你才不愿意去的。"你不想失去她这个朋友，可是你也无法下定决心去这样做。因为你认为父母告诫你的话是正确的，这时候的你真是左右为难。

## ↘ A 和她绝交

你是爸妈的乖乖女,你平时懂事听话,父母不让做的肯定是不好的,她一再地催促你去做父母不让做的事情,反而让你更害怕,于是你索性和她绝交。也许你会为失去这样一位好朋友而伤心苦恼,也许你觉得她没那么在乎你。可是慢慢地你会发现,如果一旦和朋友间发生问题就采用"绝交"的方式来处理,你的朋友会越来越少。所以亲爱的,遇到事情最好还是多动动脑筋去解决吧。

## ↘ B 顺从她的想法

你很珍惜你们的友谊,你不忍心拒绝她的要求,可是你又会害怕父母知道后不开心,于是矛盾的你真是不知所措,当你听到她承诺父母不会知道时,你有了侥幸心理,于是为了友谊你和她一起去做了父母不让做的事情。亲爱的女孩,你知道吗,当你放松对自己的要求,习惯跟她去做一些父母反对的事情的时候,你就可能在向不好的方向发展。父母反对自然是为了你好,所以遇到类似的事情不要乱,多思考学会动脑筋,学会正确的取舍才能保护自己。

## ↘ C 告诉她你的真实想法

你觉得朋友之间就是要坦诚相待,于是你痛快地告诉她:"看,如果你真的是我的朋友,为什么你要强迫我做不想做的事情呢?这很让我烦恼,我希望你能停止。"你认为如果她真的是你的好朋友,她一定会理解的。

## 悄悄话

你可以像 C 那么做，作为好朋友，你当然可以直截了当地说出内心的想法，如果连这点都做不到，也许你要反思你们之间的朋友关系了。真正的朋友是不会强迫你去做你不愿意做的事情的。可爱的女孩们，你要记住，不论什么时候都要学会自己独立的分析事情，学会判断事情的好坏，谨记父母的叮嘱。当然 B 的做法就很不妥当了，因为你向友谊的一时妥协，和她去做了对你有危害的事情，这是相当危险的。记住要及时和父母沟通，父母会给你宝贵的意见。

更好的方法

## ② 朋友向你借钱，是借还是不借

你的一个朋友向你借钱好久都不还，当你试着向她索要时，她只是大笑，说些别的无关紧要的话，始终不提还钱的事。这种情况已经持续有一段时间了，当你再次向她索要时，她反而不再理你。

## ↳ A 自认倒霉，钱不要了

当你被她搞得极度无奈时，你开始想的不是还要不要那笔钱，而是还要不要这个朋友。你对她的行为表示气愤，可是碍于面子又无计可施，于是你只能自认倒霉。你知道朋友比金钱重要，可是这个朋友却因为金钱使你对她产生了厌恶。你的心情受到很大的影响，你每天闷闷不乐，对友谊失去了信心。

## ↳ B 告诉她的家长，请他们帮忙

此时的你对她的行为十分无奈，你借出的钱收不回来也没办法向父母交代。没有办法的情况下，找不到她只能去找她的父母了。其实找她的父母说明你们目前的情况也未尝不是好主意，如果她真的有什么问题，她的父母还能对她进行及时的批评教育。但是千万不能有随意借钱给别人的坏习惯。

↘ **C** 问清她不能还钱的原因，考虑向父母说明原因

你三番五次找她还钱都搪塞你，让你觉得十分尴尬，后来她竟然还躲起来了，于是你决定和她坐下来好好谈一下。如果她真的没有钱还你，觉得很没有面子才躲着你，你这样逼她还钱不仅会伤害她的自尊心，还会给你自己带来很多麻烦。而且你要记得，即使是她有错，可你开始借钱给她也是有错在先。因为她如果有需要用钱的地方，应该是向父母去说明。所以如果你不想让她还钱了，还想解决父母的问责，那就俩人和你父母一起说明事情的原委！

### 悄悄话

亲爱的女孩，随着年龄的增长你会发现，金钱给你带来很多快乐的同时也会带来很多苦恼。在这个年龄，原则上是不能和别人借钱，也不能借钱给同学，因为你这个年龄还没有独立的金钱支配权。每个朋友用钱的时候都需要和父母沟通。你借钱给朋友，反而会让她不能抑制自我花钱的欲望，从而造成上面的情况发生。所以为了拥有更好的友谊，还是不要向同学和朋友借钱，也不要把钱借给朋友，当然如果是紧急情况那就另当别论了！

更好的方法

## 3 是诚实地说出来还是撒谎逃避

你总是忍不住说谎。你总是在编造各种各样的故事,因为这样可以引起朋友对你的注意,也可以帮助你摆脱父母的询问。如果有人试图找出真相,你会继续撒谎来保证没人能拆穿你的谎言。你曾经试过不再撒谎,可是你看起来很难戒掉这个坏习惯。

这时,你会怎么做呢?

## ↘ A 将说谎进行到底

虽然你知道撒谎不是件光荣的事,可是撒谎给你带来的刺激和便利让你欲罢不能。有句话是这样说的,一个谎言需要一百个谎言来掩盖,这样的你该是多么累呀!你的生活将被谎言覆盖,这是多可怕的事情啊!此时的你虽然有戒掉撒谎的想法,可是你并没有那么强的自制力,于是你放任自流,将说谎进行到底。真的没办法?你要做的是立刻停止!

## ↘ B 戒掉撒谎很简单

在每次撒谎之前你都提醒自己不能再这样欺骗下去,面对朋友和父母,面对那些你不愿意被人看穿的小秘密,你不说就好了!何必说了之后让自己像贼一样的生活!不做错事就 OK 了!做了,就承认吧!撒谎是错上加错的事!其实当你放弃撒谎的想法时,做事反而仔细努力了!

↘ **C** 严格要求，对撒谎的自己说拜拜

　　你真的下定决心再也不撒谎了，你鼓起勇气对撒谎的自己发出挑战，你制定计划、寻找解决策略，你甚至把自己每次说的谎话写进日记里，以提醒自己说谎是多么自我伤害的事。慢慢地你会发现你可以和朋友、父母沟通的更好，你找到了谎言之外更好的交流方式。

### 悄悄话

亲爱的女孩，进入青春期你就有了自我意识，慢慢地就会有很多小秘密。你开始希望有自己的私人空间，有自己的小心事。可是你要记住，即使是为了保护自己的小隐私，也不要采取说谎的方式，因为说谎不仅会疏远你和朋友及父母之间的距离，还会让你内疚难过。当面对朋友和父母的询问，你不愿意说出自己的真实想法时，你完全可以直接告诉他们你不想说的理由。当然你也要及时和朋友、父母沟通，让他们随时了解你，帮助你。亲爱的，你一定记住，除了说谎我们还有更好的办法去解决这些事情。

更好的方法

# 4 看到不公平的事是上前还是旁观

你的班级里有一个胖女孩，很多男孩儿总是趁老师不在的时候欺负她，给她起外号。你是个富有正义感的好姑娘，你告诉他们，如果是他们自己受到别人的捉弄，他们也一定不会喜欢那种感觉的。但是男生们只是说"谁在乎？"或者是"闭嘴"。

这时，你会怎么做呢？

## ↘ A 正义感遭受打击，束手无策

富有正义感的你在男孩面前受尽了打击，他们的不在乎让你很有挫败感，你觉得自己很丢人，最糟糕的是没能帮助胖女孩。可是亲爱的，千万不要因此沮丧，失去信心。此时的你虽然很好强，可是内心和情感还是很脆弱的，对于男孩子的不在乎和不理睬，你完全不必放在心上，只要坚持做自己认为对的事情就已经很棒了。

## ↘ B 鼓励她，只有她自己能够真正帮助自己

你很懂得变通，找男孩理论没起到作用，于是你迅速想出其他的解决办法。你鼓励胖女孩打起精神，勇敢地对给她起外号的男孩说"NO"。亲爱的女孩，你要知道尊严不是别人给的，而是自己争取和捍卫的。你与其自讨没趣地和男孩们理论，不如帮助胖女孩站起来，维护自己的尊严。

## C 请教老师

此时的你面对男孩们不尊重你的行为十分气愤,如果你自己的力量感到力不从心,那就和老师去商量一下吧,请教老师帮你分析这件事情,来商量到底怎样做才合适。这是个很好的方法。

因为告诉老师来狠狠地惩罚他们,让他们不要那么嚣张固然当场奏效,男孩们也会因此收敛一些,可是这并不能从根本上帮助胖女孩,男孩们还可能会把你当作下一个攻击对象。

## 悄悄话

你富有正义感真是件让人高兴的事,你那么善良、见不得别人受欺负。可是帮助别人之前一定要考虑一下自身能力,找到最好的帮助方法,避免帮倒忙或者给自己带来伤害。中国有句古语是"授人以鱼不如授人以渔",意思就是我们要从根本上去帮助别人。所以在这里不妨学习一下B的做法,不断地鼓励胖女孩,让她发现自己的长处,积极看待自身问题,以防她会产生自卑等不良情绪。

更好的方法

# 5 每当考试前都紧张，逃避还是面对

每到发成绩的日子，你都感到很担心，因为你的成绩实在有点糟糕，那不是你满意的成绩，你的父母更加会觉得不满。你总是会联想到机器猫中的康夫，你很担心，拿出成绩单后，你连这个周末都过不好。甚至，你的妈妈也许会一直唠叨你直到下个月，她会一直反复地提起你糟糕的成绩；而你的爸爸虽然不会批评你，可他会叹息一声出门去，他失望的表情和神情会一直反复出现在你的脑海，就好像在狠狠地斥责你一样，这种感觉让你的心情始终沉甸甸的。可是，老师又要求你的父母在成绩单上签字，这下你可真是觉得为难了。

这时，你会怎么做呢？

决定篇 向左还是向右

## ↘ A 模仿笔迹，找人代签

你想到如果父母知道这次成绩的话肯定又是无休止的唠叨，甚至爸爸还会对你动用家庭暴力，于是你"计从心生"，找别人模仿笔迹，代替父母签名。你甚至还会为自己的小聪明而沾沾自喜。可是亲爱的女孩，你这样做恰恰失去了一次进步的机会。

其实父母在乎的不是你的学习成绩好坏，而是你的学习态度。他们希望自己的女儿是个心地善良，踏实认真的孩子，如果你能认真地向父母说清楚这次考试的情况，并请求他们谅解，他们一定会给你机会，鼓励你帮助你。青春期的你还没有很好的自制能力和独立学习能力，所以把父母当成你学习上的小帮手，将会让你收益良多。

## ↘ B 跟父母直说

亲爱的女孩，你在拿到成绩单的时候就已经做好了直面父母的心理准备。你认为成绩已经出来了，就变成了没有办法改变的事实，不跟父母直说又能怎样呢？相信父母小时候也考过那么令人不满意的成绩，所以他们会理解你的。何况你还需要他们的签字，而你既不能去篡改成绩，也不能让这份成绩单消失不见，于是，你决定和父母实话实说，乖乖掏出你的这份糟糕的成绩单，老实请他们签字。

## ↘ C 向父母保证下次会令他们满意

　　这份成绩你自己也不满意,感到十分羞愧,你认为这不应该是你的成绩。可既然结果已经这样了,你也没有必要多解释什么。你会向父母保证,这样糟糕的成绩对你是很好的督促,让你及时发现了上一段学习中的盲点和不足,这样,你就可以更加有针对性地学习了。这也是一件好事。要知道,在平时的测验中发现的问题越多,等到最后考试的时候,遇到的问题就会越少。你通过这次考试学到的东西才更重要。

### 悄悄话

亲爱的女孩们，像C那样去做吧，做个聪明并且懂得学习的女孩。失败是成功之母，从糟糕的成绩中找出学习的盲点和不足，这样你就能有的放矢。相信通过每次的总结，你也会成为一个懂得学习、能够自我监督、自我调节的好学生。千万不要像A那样去做，这是最傻的行为了。因为父母是你的亲人，他们也许会因为不太好的成绩责怪你，但是他们绝对不会伤害你——相信我，绝对不会！千万不要为了坏成绩撒谎，这只会把事情越描越黑。另外，保证好好努力，做出实际行动给他们看，才是最正确的。

更好的方法

## 6 爸爸妈妈吵架你很伤心，是假装没发生还是大胆说出来

原本让你引以为傲的幸福家庭，现在却陷入无尽的争吵中，无助的你不知道该怎么面对。你更不知道该怎么和父母沟通，让他们在乎一下你的感受。这让你很难过，生怕他们会离婚。你伤心极了，每个夜晚你都会为父母的争吵和矛盾失眠伤心，偷偷掉眼泪。不知该怎么办！

## ↘ A 讨厌每天争吵的父母，疏远他们

你已经厌倦了父母无休止的争吵，他们这样的行为不仅破坏了你心目中的幸福家庭，也让你感觉到前所未有的孤单，于是你开始封闭自己，疏远父母。这样的你非常伤心非常痛苦。

## ↘ B 给爸爸妈妈写封信，告诉他们你的想法

你不想总是担心，你清楚他们是很爱你的，所以你决定做点什么！于是你给他们写了一封信，讲出了你的伤心与难过，说出了你的担忧，你认为他们只是一时冲动。他们需要清楚你是怎样想的，这样他们的决定才会更理性！在这个世界上他们对你最重要！你需要他们胜过一切！你爱你们的家，爱他们两个人！希望他们能多自我反省，并改正一下自己的缺点，停止争吵，给你多一些关爱！

## ↘ C 分别和爸爸妈妈聊聊,让他们感到你的存在

  聪明的你和爸爸约了个时间,把你的想法告诉了他,看得出他很伤心。是的,哪个爸爸不爱自己的女儿呢!你希望爸爸能给你开心的生活!不要为一些小事和妈妈计较。你和妈妈非常爱他!结果爸爸答应了你!他说他会试着努力。让你相信他,他向你表达了歉意!

  之后,你又和妈妈沟通,希望她不要再和爸爸吵架,并希望她能相信爸爸!事实上,结果真的非常好!他们的争执越来越少了!你总算安心了!这一次你成功充当了家庭中的"和平使者",你们又重新开始了幸福快乐的家庭生活。

### 悄悄话 :)

亲爱的女孩，父母是三角形的两个底角，你是三角形的顶角，只有这个形状，才能让家庭结构稳定。亲爱的，你也要记住父母永远是爱你的，也许他们陷入了矛盾不能自拔，这个时候他们真的很需要你，所以不要畏惧不要逃避，带着你对父母的爱走过去，告诉他们停止争吵！沟通才是解决问题的办法。

女孩们，你们要理解每一对父母都会有争吵，就像手里拿着两只筷子就要打架一样正常。所以当你看到爸爸妈妈吵架的时候不要害怕，不要慌张。因为你完全可以成为"和平使者"去帮助他们解决问题！世界上有一条定律你一生都不用怀疑，那就是：父母是永远爱你的。学会运用爱的方式，试着和父母沟通，让他们知道你多么需要他们，你和他们在一起是多么的快乐，让我们家人之间学会宽容与谦让。

更好的方法

选A的有____　　选B的有____　　选C的有____

## ↘ A 缺乏独立思考的女孩

你是这样的女孩儿——你心地善良,但是情感和自尊心都很脆弱,对自身原则问题缺乏理性思考,很容易受别人思想的左右。一旦遇到事情就常常会丧失信心,自暴自弃,所以面临做决定的时候,你就会经常采取消极态度。

亲爱的女孩请你记住,向阳光多的地方走,也就是要保持积极乐观的生活态度。遇到问题要多动脑筋、深思熟虑之后再做决定。而且一定要做一个有原则的人,所谓原则就是你认为应该做的和不该做的,时时谨记自己的原则,这样在很多难以抉择的问题面前你就知道该如何取舍,如何面对了。

## ↘ B 心思细腻的谦让女孩

你是这样的女孩儿——你心思细腻,总会为别人着想,当遇到问题时喜欢迁就别人委屈自己,你认为这样才能让一切好起来。你有时缺乏自信过度谦让,你不太擅长和别人沟通,很多事不能换位思考。所以亲爱的女孩,遇到问题千万不要自己闷着，而要讲出来听听别人的意见，尝试去和旁人沟通，通常这是非常有效的方法。只有了解他们的想法，这样你才能准确地做出自己的决定。

## ↘ C 理性思考会做决定的女孩

恭喜你，你真的很棒！你是一个能够独立且理性思考的女孩。你总是那么乐观自信，遇到问题你会积极应对，因为你相信自己会处理得很好。你知道换位思考，遇到麻烦时能快速做出反应，知道对方的问题和需求后"对症下药"。你遇事冷静，能够保持清醒的头脑，根据自己的处事原则做出判断，再加上你高超的沟通技巧，你总是把事情处理的两全其美。

可是亲爱的，自信理性的你也不要忘记遇到事情要全面思考，多多听取别人的意见，不要一意孤行哦！

如果你有2个或3个选项一样多，你就是一个既勇敢，又有创造力，又善于保护自己的女孩，来为你自己鼓掌吧！

关于家庭中更多的烦恼问题，记下来寄给我们，会收到意想不到的礼物哦！

## 思考篇
## 寻找美丽的自己

　　看完上面的五个部分，不知道此刻的你是否找到了属于你的"青春宝典"呢？独立、耐心、冷静、宽容、时间观念，做人的基本原则等等，试着让自己回忆，去捡拾更多解决问题的法宝放进你的"宝典"中吧！不管怎样，相信现在的你已经有了很大的收获，再次面对学校、家庭、友谊等一系列问题的时候，你有没有轻松很多呢？当然书里列举的只是常见的大部分问题，最重要的是：亲爱的，你能够在读完这本书之后对你自己有更加深入的了解，学会举一反三——你一定会做得很棒，不是吗？

　　当然，收获了"法宝"的我们还要经常练习使用技巧，只要把它们熟练应用，相信你会成为"小超女"，什么事都难不倒你了。记住，你的人生充满了各种各样的选择，就像是我们游戏里的通关关卡，不要怕，只要合理应用法宝你很快就会通关的。

　　在最后，我们还要赠送可爱的女孩们一些锦囊，有了锦囊就能使你们的通关如虎添翼了，哝，就是下面这五条真理，一定要牢牢记住啊！

## 真理一　问题不会自己消失

遇到棘手的问题时，你也许会把问题隐藏起来，好像它们根本不存在，就好像没有发生过一样。可事实上，逃避只能让问题更难处理，就像是长在田地里的野草一样，如果你不去管理，那么结果就是庄稼被野草荒废掉。

所以遇到问题时你一定要直面挑战。如果自己不能解决，你完全可以向别人求助，记住适当的求助会让你事半功倍。

# 真理二  用最恰当的办法去解决问题

解决问题就像试穿衣服——一个尺码不可能适合所有的人。也就是说同一个解决方案对于别人来讲可能是很好的建议,但对你来说可能就毫无意义,甚至还会起到负面作用。这有点像中国的老话:甲之熊掌,乙之砒霜。

所以你在敞开胸怀去接受种种不同的态度和建议时,必须明确自己需要的是什么,这样才不至于在众多的观点中迷失了自己。只有适合你的才是最好的。

## 真理三　拒绝伤害别人的念头

任何时候都不要有伤害别人的念头，即使她伤害了你。任何时候都请宽容和善待你身边的每个人，即使这个人十恶不赦。"以德报怨"总好过"有仇必报"，因为请你相信，一切都是有反作用力的。你伤害别人越深，你自己得到的伤害也越大，这就和我们打了别人一巴掌手会疼是一个道理。

# 真理四　倾听你内在的声音

　　不要吝惜倾听自己内心的时间。要经常抽出时间独处，认真地反思，并留神倾听你内心真实的声音，听从你内心真正的想法。这能帮助你做出正确的决定。记住，不要总是匆匆忙忙上路，而要选择好方向再出发，事半功倍还是事倍功半，取决于你是否走在正确的道路上。

　　对自己诚实，做自己喜欢的，就是成功的捷径。

## 真理五　讲出来，告诉别人你的想法

　　你对事情会有自己独特的看法，但只有你讲出来，别人才能明白你到底在想什么。不然，你没有资格委屈、抱怨没人了解你、在乎你。亲爱的女孩，要相信自己是独一无二的，然后大声讲出你的想法。表达比沉默会让你更有爆发力。

## 女孩儿，你真的能做到！
### （遇见最美丽的自己）

亲爱的女孩，请记得如果你不能完美，那么也不要苛求身边的人完美到符合你的心意。因为这样能帮助你避免很多不必要的麻烦——来自你内心的麻烦。我要告诉你的是，你会在未来犯错误，甚至犯很多的错误，但是不要怕。在漫长的人生中，有时你会感到你的生活天翻地覆；有时你会灰心绝望；有时你会难过、内疚、自责到无法释怀。然而不管你遇到什么样的挫折打击，都不要随便放弃自己，都要向着阳光多的地方走。你要明白这种情况会发生在每个人身上，这只是生活的一部分。当你需要挖掘你的巨大潜力，或者想要寻找支持和帮助时，你可以翻开这本书。然后握紧它，相信它会给你无穷的能量，因为这本书将会带你遇见最美丽的自己。

亲爱的女孩，无论遇到什么问题，一定要听从自己内心的呼唤，相信你的直觉，并勇敢地讲出你的想法。慢慢地你会长大，会熟练地应对这一切，并更加的自信和充满力量。那个时候你会更加强大，你会对不断涌现的新问题无所畏惧。

女孩们，勇敢上路吧！

牧童村关爱成长系列读本：是按照中国女孩们成长问题的来信开发的。她是你生活的导师，会让你重新认识自己，解决你成长中的身体和心理问题，不会占用你太多的时间哦！温馨美丽的图解，开心明朗的语言，科学专业的知识，让你在短时间内快速解决掉你的烦恼！

　　书中这些细致的小问题，在成人看来也许是很微不足道的。然而在现实生活中，孩子们面对这些突如其来的状况，并不能坦然理性地面对，以至于造成学习成绩莫名的下降，性格怪僻，乱发脾气，无法与家长沟通等严重的心理问题！再一次忠告天下的父母，请关注女儿9岁以后的成长，关注女儿青春期的教育！孩子以后能否快乐成长为一个健康女孩，这个时期至关紧要！

　　写给每一个刚刚或已进入青春期的女孩，在人生的这个时期，你充满了各种各样的惶惑，以至让自己心绪烦乱，与家人失和，对自己的身体变化感到担忧，我们希望你能从这本书里查到你成长中烦恼问题的答案，我们也会为你其他的问题做出及时专业的回答。

　　为了更加完善我们的问题库，如果有什么问题就给我们来信吧！不管是妈妈，还是女孩，我们都会给您满意的解答！也希望您对我们的图书提出宝贵的意见和建议，到时您会收到意想不到的开心礼物啊！所以地址和联系方式要记清楚噢！

我们的信箱（E-mail）:mutongcun2018@163.com
收信地址：北京市丰台区嘉园三里乙1楼1507室
牧童村童书馆（收）

记录我的心事